LAS 4 ETAPAS

DE PRODUCTIVIDAD DEL CICLO DE LA VIDA DEL HOMBRE

GUIOVANI GASTAÑAGA ALVAREZ

LAS 4 ETAPAS DE PRODUCTIVIDAD DEL CICLO DE LA VIDA DEL HOMBRE.

Autor /Editor:

GUIOVANI GASTAÑAGA ALVAREZ.

Av. Prolongación Paseo la República 7719 Dpto. 402 – Santiago de Surco – Lima – Perú.

e – mail:

 guigasalva@gmail.com;

materialdeguerra2011@hotmail.com

Teléfono: +511-998462606 - +0511-4919417

Primera edición octubre 2023.

Hecho el Depósito Legal en la Biblioteca Nacional del Perú: N° 2023-11086.

ISBN: 978-612-00-9099-2

ISBN asignado por d2d: 979-822-78-9556-1

Falso y carente de ambiciones es aquel hombre que en su vida cotidiana pregona y pide a todo el mundo que no quiere tener problemas.

Esta falacia de la vida del hombre que rehúye de los problemas, solo es la manifestación del refugio de la incapacidad o debilidad con deseos utópicos, para enfrentar o escapar de la realidad que la vida nos entrega todos los días.

Hombre que no tiene problemas no es hombre, porque el problema en realidad es el incentivo que se recibe día a día para poder hacer funcionar la maquinaria pensante y racional que Dios y la naturaleza nos ha dado, con la finalidad de poder encontrar el camino de la solución; en consecuencia, sin problemas la vida no tendría sentido.

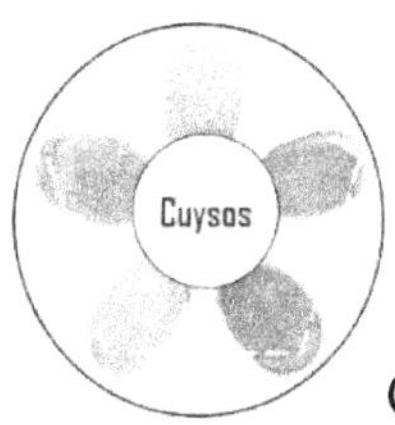

Guiovani Gastañaga Alvarez

Algunas cosas en la vida son difíciles, si quieres que se vuelvan más fáciles "Solo avanza, no retrocedas" tienes que ser parte de la suma, no de la resta.

JDBD – dic 2020

AGRADECIMIENTO Y ALCANCES:

Quiero agradecer a la vida, a las personas que habitan este mundo y en especial a aquellas que pasan los 50 años de edad, porque de ellos he recogido la inspiración que tienen por preservar la especie humana y buscan con sus acciones el deseo de contribuir al desarrollo de las sociedades. Este libro muestra que todos los seres humanos siempre formarán parte de la masa de productividad de un país, sin importar la edad que podrían estar cargando sobre sus hombros.

Guiovani Gastañaga Alvarez

ÍNDICE

PRÓLOGO

El ser humano está conformado a diferencia de otros seres vivos que se procrean en este mundo por un binomio de dos vectores fundamentales, un primer vector se refiere a las capacidades físicas corporales conformadas por la capacidad física propiamente dicha, la capacidad física coordinativa y asimismo por la capacidad condicional; aptitudes importantes con las cuales todo ser humano puede poner en marcha el principio de inercia, es decir, dar movimiento o mantener en la estacionalidad a sus partes externas como también de los órganos internos que componen el cuerpo humano.

Como segundo vector de este binomio tenemos a la capacidad de productividad, magnitud vectorial que está destinada íntegramente al desarrollo de los pueblos y las sociedades. Esta capacidad es producto o la resultante generada por la sumatoria de los vectores específicos representados por la experiencia, por un lado, y por el otro lado, el raciocinio, respectivamente. Ambas dimensiones vectoriales se adquieren y desarrollan a lo largo de las cuatro etapas de productividad del ciclo de vida del hombre, siempre y cuando, que el ser humano pueda tener la gracia y la bondad que le brinde la ley de la vida; en otro sentido, para que el hombre pase las cuatro etapas de productividad de la vida, significa que por lo menos debe alcanzar una edad promedio que debe ir más allá de los 74 años.

La primera etapa del ciclo de productividad de la vida, que se inicia en la concepción del hombre y dura hasta un tiempo estimado de la década de los veinte años, corresponde a la «dependencia», período donde el humano para su desarrollo depende en todo su contexto de terceros, sean de sus padres, de apoderados u organizaciones privadas o del Estado de ser el caso. En esta etapa, es donde se le enseña y se forma al ser humano para constituirse en la fuerza motriz que contribuya de manera contundente al destino de los países cuando sea parte de la siguiente edad.

La segunda etapa de productividad del ciclo de la vida de las personas, que corresponde a la «independencia», se desarrolla entre la década de los veinte y de los cincuenta años. A esta etapa la catalogo como la fase donde el hombre se convierte en un ente autónomo para alcanzar sus objetivos y aspiraciones. En esta fase prácticamente la población forma parte del segmento económicamente activo y son la mayor fuerza motriz que con su trabajo contribuyen al desarrollo de los países; también en este momento, el hombre construye la arquitectura destinada para contar con una «calidad de vida» adecuada tanto para ellos como para sus proles, que es una base fundamental para que el ser humano pueda tener una ventana mayor de posibilidades de lograr una «esperanza de vida» más prolongada.

La tercera etapa de productividad del hombre, que la considero como la fase más exquisita e interesante que todo ser humano pueda pasar en la vida, la denomino como la etapa de la «sapiencia expertiz», ya que, en este período, el hombre alcanza la mayor maduración de la experiencia y el perfeccionamiento del raciocinio, vectores específicos que le brindan las competencias a este segmento para conducir los destinos de los países, de las organizaciones, de las personas, tanto es así que por estas aptitudes adquiridas incluso dispone de una amplia capacidad para concientizar y dirigir a las masas poblacionales. Este período de vida puede transcurrir cuando el hombre está por la década de los cincuenta hasta mediados de los setenta, es decir, más o menos entre los 51 y los 74 años referencialmente.

Como última etapa de productividad de la vida, identificamos al período de la «sabiduría» y que también corresponde a la del «descanso del guerrero», momento donde el aporte que hace cada una de las personas a los pueblos y países por lo general se materializa a través de las lecciones de vida o las lecciones aprendidas, mecanismos con los cuales transmiten a los demás que tienen el alto privilegio de estar cerca de ellos, como es el caso de sus proles; en resumen, en esta etapa el hombre debe de convertirse en el sensey de cada grupo humano, de cada sociedad donde sus lecciones puedan ser irradiadas.

Lo ideal es que todo ser humano debe aspirar el poder experimentar el paso por las cuatro etapas de productividad del ciclo de la vida; sin embargo, esto solo será posible si la ley de la vida le permite que alcance este deseo.

CAPÍTULO 1
CAPACIDAD DE PRODUCTIVIDAD

El ser humano, como ser vivo y racional desde el punto de vista relacionado con la contribución al desarrollo de las sociedades y los países, está constituido por capacidades físicas corporales y por una denominada capacidad de productividad que está representada por el binomio de los vectores de experiencia y raciocinio.

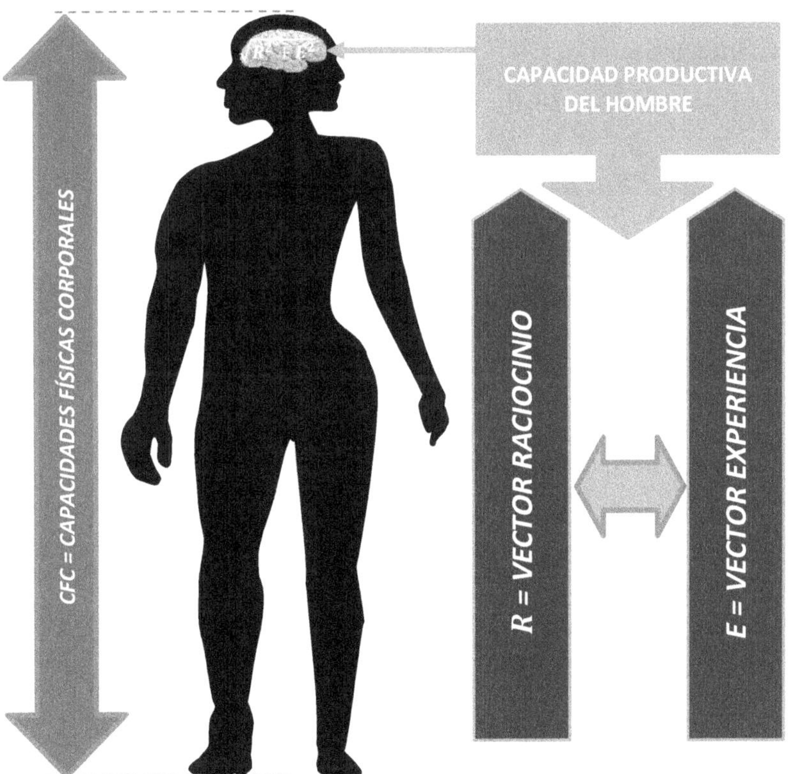

Figura 1. Capacidades físicas corporales y capacidad de productividad.

Fuente: Elaboración propia.

Las capacidades físicas corporales comprenden a las condiciones físicas que dispone el ser humano a lo largo de su vida, es decir, desde que es concebido como ser humano hasta el día de su deceso. Por medio de esta aptitud, el hombre puede ejecutar una seria de actividades físicas con las cuales le permite movilizarse de un lugar a otro, de realizar distintos esfuerzos como son la de caminar, correr, saltar, nadar, etc. Las capacidades físicas corporales comprenden a la capacidad física propiamente dicha, la capacidad física condicional y a la capacidad física coordinativa, respectivamente.

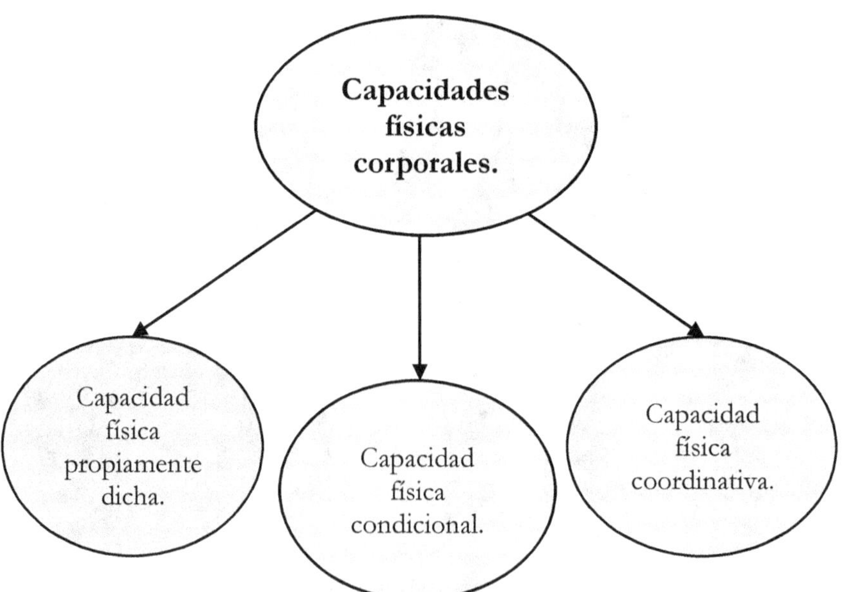

Figura 2. Capacidades físicas corporales del ser humano.

Fuente: https://concepto.de/capacidades-fisicas/.

La capacidad física propiamente dicha de todo ser humano, está estrechamente relacionada con el conjunto de elementos que determinan la condición física de la persona y de cómo esta interviene en mayor o menor medida al momento de usar sus habilidades motoras que poseen, esto incluye también a las condiciones internas de su propio organismo. En otro contexto, se puede indicar que esta capacidad se constituye en la arquitectura que un ser humano posee como una estructura organizada para adaptarse al medio ambiente y de esta forma poder desarrollarse.

La capacidad física condicional está relacionada directamente con la eficiencia de la capacidad física que dispone propiamente dicho el hombre en cuanto a la energía de su metabolismo, es decir, estas condiciones físicas le permiten al hombre poder someter al esfuerzo, la maquinaria de carne y huesos al trabajo sometido a la fatiga. Como vectores que se identifica en este tipo de capacidad, tenemos a la fuerza, la resistencia, la flexibilidad, la velocidad y la destreza.

La capacidad física de coordinación o coordinativa, se refieren en esencia al control que se tiene sobre la arquitectura física natural del hombre por medio de su sistema nervioso; tengamos en cuenta que romper el principio de inercia, esto dependerá de contar con comandos u órdenes conscientes con las cuales se disponga que se mantenga en estado estacionario o se realice el movimiento de las partes u órganos del cuerpo humano. Como dimensiones que responden a este tipo de capacidad de coordinación, tenemos a los vectores de equilibrio, coordinación, orientación, reacción y la adoptación.

Un ser humano que no cuenta con todas las condiciones físicas que de manera natural deben ser parte de todo ser vivo desde que nace, en realidad este se constituiría en una persona con discapacidades motoras. También se tiene que comprender que la capacidad física corporal, según vayan pasando los años, estas se irán degradando progresivamente debido a diversos factores como por ejemplo la perdida de hidratación y de elasticidad de la piel que es originada porque el proceso de regeneración de las células es cada vez más lento, del mismo modo, el cuerpo físico del ser humano se degrada por la pérdida de masa muscular y de las grasas.

La capacidad de productividad, responde a la disposición en mayor o menor medida que va obteniendo el hombre a lo largo de su vida respecto al desarrollo de su raciocinio y de su experiencia. Capacidades específicas importantes que siempre estarán presentes en todo momento en la persona y con estas armas prestará diversos tipos de servicios para contribuir con el desarrollo en distintas actividades de las sociedades o de los países.

El hombre, la contribución al desarrollo de los países, las realiza y las circunscribe dentro de algún campo de la actividad humana, que por lo general pueden ser en campos o temas que son producto de su educación formativa y aquella que va alcanzando a base de una capacitación continúa; pero también, puede ser poniendo su experiencia al servicio de los demás, la misma que será producto de la vivencia obtenida dentro de las urbes donde frecuenta o en los centros de trabajo en donde se haya tenido que desenvolverse.

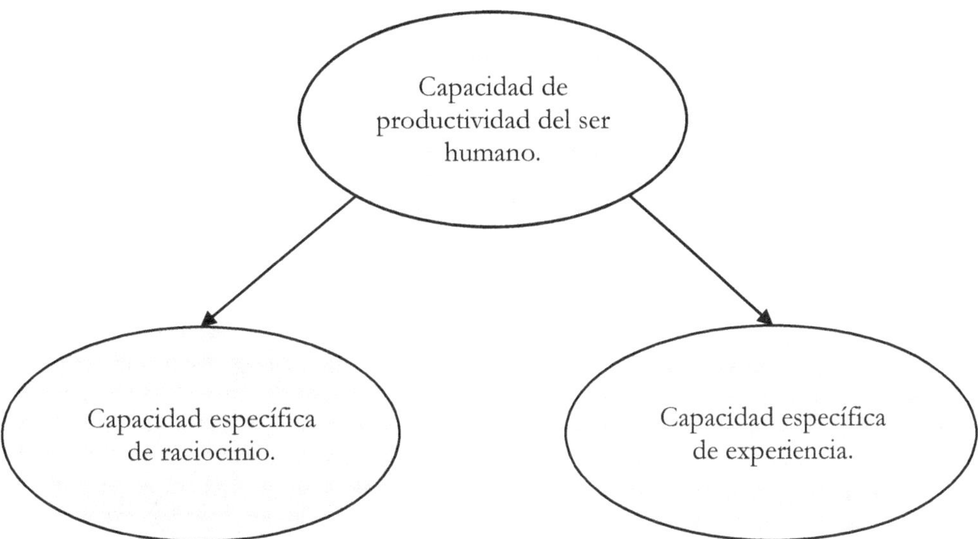

Figura 3. Capacidades de productividad del ser humano.

Fuente: Elaboración propia.

En realidad, la capacidad de productividad, a diferencia de la física corporal, esta se construye según vaya pasando los años de existencia del hombre, constituyéndose en este sentido en un proceso gradual con los cuales el ser humano logra obtener datos, informaciones y la aprehensión de conocimientos que se van acumulando año a año y así logran alcanzar un nivel de sabiduría futura de productividad. Tengamos en cuenta que este proceso es siempre dinámico y continuo, pues la sabiduría alcanzada en un determinado momento y una vez usada, esta se constituirá en un nuevo insumo que le servirá al hombre para alcanzar un nuevo nivel de sabiduría.

Según la Facultad de Medicina de la Universidad de California en San Diego, en los Estados Unidos, en un estudio liderado por Dilip V. Jeste y Micael Thomas concluyeron que en una escala abreviada de siete elementos, estos pueden ayudar a determinar con alta validez el nivel de sabiduría de una persona, que es un rasgo de personalidad complejo y de múltiples componentes que es potencialmente modificable; en ese sentido, refuerza la teoría que cuanto vayan pasando los años y el hombre vaya logrando alcanzar un mayor nivel de raciocinio y experiencia, pues mayor será la sabiduría que alcanzará.

Tanto la capacidad física corporal como la capacidad de productividad, estas se van interrelacionando de manera conveniente dependiendo los años que puedan pesar al ser humano sobre sus hombros y que estos estén ligados estrechamente a cada una de las etapas de productividad del ciclo de la vida de la persona.

A esto queremos agregar, que en algún instante de la vida de los hombres apreciaremos que una de las capacidades de productividad tendrá mayor peso específico respecto a la otra, pero ambas y no importando su magnitud, siempre caminarán en el mismo sentido y dirección, por tanto, determinan que la sumatoria de ambas capacidades son las bases fundamentales para contribuir a que los países alcancen su desarrollo.

> «La capacidad física corporal es natural e innata, mientras que la capacidad de productividad se construye, sin embargo, ambas capacidades estarán estrechamente ligadas a la calidad y la esperanza de vida».

Cualquier mortal sobre la faz de la tierra o el universo jamás podrá establecer la fecha que dejará de existir dentro de este mundo, unos atribuirán que ese momento será producto del destino, otros considerarán que es una situación originada por la propia concepción de la vida según se ha dado siempre a lo largo de todo el tiempo, mientras que otros, aceptarán que corresponde al ciclo de la ciencia, donde la masa o la energía no se crea ni se destruye, solo se transforma.

Lo ideal para toda la humanidad, sería tener un período de vida determinado y prolongado, donde cada uno de los seres humanos puedan programar y establecer sus prioridades de manera planificada y ser realizadas en cada paso de su existencia, aceptando para tal efecto el momento cuando sería el día donde culminaría su ciclo de vida; sin embargo, esto es un imposible, es una utopía, en razón que la vida para unos será prolongada mientras que para otros será más corta, proceso natural que no distingue edad, condición social, raza, sexo, ideología o creencia alguna.

Al margen de la cantidad de años que pueda estar sobre la faz de la tierra un ser humano, las probabilidades que su vida pueda prolongarse, es decir, alcanzar una «esperanza de vida» mayor, dependerá en gran medida de la «calidad de vida» que pueda tener a su disposición cualquier mortal. Entiéndase como calidad de vida, al acceso sin restricciones de todos los servicios al que alcance el hombre para cerrar las brechas de sus necesidades, como son la salud, la alimentación, las relaciones interpersonales, con una vida atractiva y psicológicamente tirada a menos el estrés, de contar con los recursos materiales con una economía que satisfaga cualquier dimensión de deseos que se pueda presentar en la vida; es decir, disponer de un conjunto de factores que le brinden un bienestar pleno a cada persona.

Robert L. Schalock, Doctor honoris causa de la Universidad de Salamanca, experto mundial en el ámbito de la discapacidad, plantea ocho dimensiones centrales para mejorar la calidad de vida de una persona, independientemente de si esta presenta o no condición de discapacidad o si precisa o no apoyo para lograr dicha mejora. Las dimensiona en: Bienestar Emocional (BE), Relaciones Interpersonales (RI), Relaciones Sociales (RS), Bienestar Material (BM), Desarrollo Personal (DP), Bienestar Físico (BF),

Autodeterminación (AU), Inclusión Social (IS) y en los Derechos (DE).

Por tanto, la calidad de vida es sentirse tranquilo, con plena seguridad y confianza de sí, de mantener relaciones plenas con todas las personas sin discriminación y con reconocimiento de la sociedad, donde tengamos amistades, amigos íntimos y relaciones estrechas y positivas con la familia, de contar con una relación saludable de pareja y de sexualidad en plenitud; asimismo, de contar con los recursos económicos que permitan adquirir lo que se requiera en el lugar y el momento oportuno.

La calidad de vida, también es aprehender la realidad y las posibilidades que brinda el mundo para realizarse como persona, con una salud y estado físico pleno; hábitos de alimentación saludables, autonomía para decidir por sí mismo las cosas que quiere y cómo lo quiere en su trabajo, en su vida, sobre su tiempo libre, el lugar donde quiera residir y con aquellas personas con las que quiera compartir su existencia como miembro de la sociedad, en donde pueda estrechar lazos de amistad y apoyo mutuo con otras personas, donde también se respete su forma de ser, sus opiniones, deseos, su intimidad, derechos y la igualdad entre todos.

La esperanza de vida, es el número de años que una persona pueda alcanzar, esta pude ser mayor o menor entre unos y otros y dependerá de un sinnúmero de factores que puedan permitir prolongar los años de existencia de un ser vivo.

Este concepto de esperanza de vida, en términos país, se constituye en un indicador social, el mismo que mide el promedio de la vida de todos los hombres que habitan dentro de su área geográfica; en consecuencia, este aspecto fundamental es un referente que también nos puede mostrar el nivel de mortalidad por edades que pueda existir en la población de cada una de las sociedades en particular.

> «La esperanza de vida de cada hombre, cuanto más prolongada sea esta, le permitirá alcanzar todas las etapas de productividad del ciclo de la vida, en consecuencia, mayor será el su aporte al desarrollo de las sociedades y de los países».

Sobre la base del ciclo de vida del hombre, para diversos autores y que es aceptado también por la mayoría de la población del mundo, por su fácil identificación y que por años se transmitieron de generaciones en generaciones, desde el punto de vista psicológico y biológico, el hombre pasa por cuatro etapas, las que comprende la infancia y la niñez; la adolescencia o juventud, la adultez y la etapa de la ancianidad.

Aguirre, A. (2009), Cohen, D. (1993), Dong, X.; Milholland, B.; Vijg, J. (2016). Gould, S.J. (1977) y Triadó, C.; Villar, F. (2006), consideran que las fases de la vida del ser humano comprenden la etapa prenatal, la primera infancia que abarca alrededor de los 3 y 4 años, la niñez temprana que va entre los 3 a los 6 años, la niñez intermedia de los 6 a los 11 años, la adolescencia de los 11 a los 17 años, la juventud de los 18 a los 35 años, la madurez entre los 36 a los 50 años, la adultez madura que abarcaría de los 50 a los 65 años y la tercera edad que empezaría a los 65 años hasta prácticamente el fin de sus días.

Mansilla (2000), escribe un artículo personal que me pareció interesante que la denominó como «Etapas del Desarrollo Humano», sustentando su postulado basándose en el concepto y una discusión entre lo que representa el desarrollo humano y las diferentes etapas del ser humano, tomando para tal efecto las variables como son: la edad, el ambiente, los problemas y las consecuencias psicológicas en los seres humanos.

Sobre la base de estas variables y desde el punto de vista Biológico – Psicológico y lo relacionado con los aspectos Sociales del Desarrollo Humano, para Mansilla (2000), la vida del ser humano comprende en esencia cuatro periodos de tiempo que se inician en la etapa prenatal, pasa por la etapa formativa, luego la etapa laboral y termina en una etapa jubilar.

En la siguiente tabla mostramos las etapas y las sub etapas de cómo las clasificó en su artículo María Eugenia Mansilla A.

Tabla 1

ETAPAS Y SUB ETAPAS BIOLÓGICAS -PSICOLÓGICAS Y SOCIALES DEL DEL DESARROLLO HUMANO

ETAPAS	SUB- ETAPAS
I. Etapa Prenatal	Desde la gestación del nacimiento
II. Etapa Formativa 0 a 17 años	2.1 Niñez (0 a 11 años) - Primera infancia (0 a 5 años) - Segunda Infancia (6 a 11 años) Transición: Pubertad 2.2 Adolescencia (12 a 17 años) Transición: a la vida laboral
III. Etapa laboral 18 a 64 años	3.1 Juventud (18 a 24 años) 3.2 Adultez (25 a 64 años) - Adultos jóvenes (25 a 40 años) - Adultos intermedios (41 a 50 años) - Adultos mayores (51 a 64) Transición: Climaterio femenino y masculino
IV. Etapa jubilar 65 a + años	4.1 Etapa Dorada - Senectos primarios (65 a + 69) - Senectos intermedios (70 a 74) 4.2 Etapa Platino - Ancianos (75 a 84) - Longevos (85 a 94) - Prolongevos (95 a + años)

Fuente: Mansilla (2000), *Etapas del Desarrollo Humano.*

Muestra teoría se sustenta qué cuanto mayor sea la calidad de vida que logre un ser humano, mayor podrá ser las posibilidades de alcanzar una esperanza de vida más prolongada, en ese sentido, de manera simple podríamos expresar que la calidad de vida sería un vector fundamental que es directamente proporcional a la esperanza de vida.

También podríamos definir que la esperanza de vida está en función de la calidad de vida, ya que, cuanto mayor acceso pueda tener una persona a cualquier servicio con estándares de calidad que disponga la sociedad, mayores serán las oportunidades para que una persona pueda prevenir y corregir sus anomalías, sus enfermedades, así como disponer de una vida y alimentación saludable.

En la siguiente fórmula y gráfica podemos mostrar la función que existe entre el vector esperanza y la calidad de vida:

$$EV = f\,(CV)$$

Donde:

EV   :   Vector esperanza de vida.

CV   :   Vector calidad de vida.

H   :   Incremento de la EV.

A   :   Incremento de la CV.

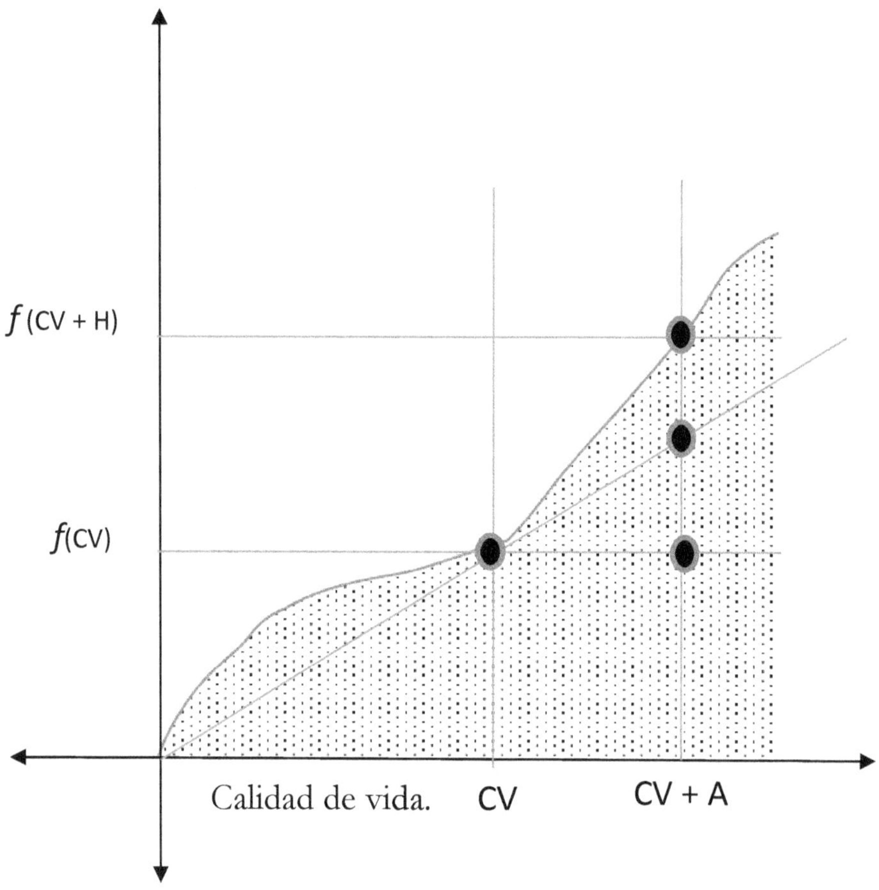

Figura 4. Gráfico donde se representa que la esperanza de vida (EV) está en función de la calidad de vida (CV).

Fuente: Elaboración propia.

El Programa de las Naciones Unidas para el Desarrollo (PNUD), creó la forma de concebir y medir el progreso de cada uno de los países, en lugar de utilizar solo el crecimiento del Producto Bruto Interno (PBI) como la única medida del desarrollo, adicionó otros factores importantes donde se muestre la libertad y la oportunidad de vivir la vida que cada persona quiera alcanzar.

En ese orden de ideas, se concibió el Índice de Desarrollo Humano (IDH) como indicador, que sirve para clasificar a los países en tres niveles de desarrollo humano. Este indicador mide la esperanza de vida, la educación (tasa de alfabetización, tasa bruta de matriculación en diferentes niveles y asistencia neta) y el indicador de ingreso per cápita.

Bajo este análisis, refuerza la teoría que cuanto un ser humano disponga de una mejor calidad de vida, mayor podrá ser las posibilidades de alcanzar una esperanza de vida prolongada, en ese contexto, aquellos países que logren posicionarse con un indicador de desarrollo alto, su población tendrá mejores prerrogativas para alcanzar una mayor esperanza de vida, frente a todos aquellos países que tengan un menor nivel y por ende se visualice que la esperanza de vida sea bastante más reducida.

Como ejemplo de lo mencionado que sustentaría de como la calidad de vida tiene una estrecha relación con la esperanza de vida, tomando como base otra información publicada por el mismo Programa de las Naciones Unidas para el Desarrollo (PNUD), podemos hacer una comparación entre tres países que cuentan con alto Índice de Desarrollo Humano, respecto a otros tres países del mundo, pero en este caso su Índice de Desarrollo Humano es bajo:

Tabla 2

COMPARACIÓN ENTRE ÍNDICES DE DESARROLLO HUMANO ENTRE DOS GRUPOS DE PAÍSES DEL MUNDO

GRUPO DE PAÍSES CON IDH ALTO	GRUPO DE PAÍSES CON IDH BAJO
NORUEGA: IDH 0,954 Esperanza de vida: 82.3 años Años de escolarización (promedio): 12.6 años Ingreso Nacional Bruto per cápita: $ 68,059	NÍGER: IDH: 0,377 Esperanza de vida: 62 años Años de escolarización (promedio): 2 años Ingreso Nacional Bruto per cápita: $ 912
SUIZA: IDH 0,946 Esperanza de vida: 83.6 años Años de escolarización (promedio): 13.4 años Ingreso Nacional Bruto per cápita: $ 59,375	REPÚBLICA CENTROAFRICANA: IDH: 0,381 Esperanza de vida: 52.8 años Años de escolarización (promedio): 4.3 años Ingreso Nacional Bruto per cápita: $ 777
IRLANDA: IDH 0,942 Esperanza de vida: 82.1 años Años de escolarización (promedio): 12.5 años Ingreso Nacional Bruto per cápita: $ 55,660	CHAD: IDH 0,401 Esperanza de vida: 54 años Años de escolarización (promedio): 2.4 años Ingreso Nacional Bruto per cápita: $ 1,716

Fuente: PNUD.

GUIOVANI GASTAÑAGA ALVAREZ

Como aspecto importante en la comparación entre el alto y bajo del índice de desarrollo humano de estos países del mundo, podemos apreciar en la tabla anterior que la esperanza de vida en Noruega es de 82.3 años, en Suiza 83.6 años, Irlanda 82.1 años; mientras que en Níger es de 62 años, en Chad los 54 años y tan solo alcanza a los 52.8 años de esperanza de vida en la República Centroafricana.

Del mismo modo, vemos que el porcentaje de alfabetismo en Noruega en hombres y mujeres es del 100% y no registra en este país población con bajo nivel de pobreza (Fuente: CIA World Factbook-2019); tomando la misma fuente, observamos que Níger registra que su población de alfabetización es del 27.3% en los hombres y del 11% para el caso de las mujeres, en el punto relacionado con la pobreza, registra un nivel bajo del 45.4%. Tengamos presente que el bajo nivel de pobreza se refiere que las estimaciones de la población, cae por debajo de la línea de pobreza.

El desarrollo humano es el proceso por el cual cada persona como componente de una sociedad va alcanzando mejores condiciones de vida, es decir, lograr la calidad de vida ideal y al tenerla esa condición de mejora, pues la esperanza de vida del hombre también será probable que sea más prolongada.

En consecuencia, estas dos condiciones o vectores fundamentales harían que las personas cumplan todo el ciclo de su vida; en consecuencia, el disponer un país con un mayor número de personas que pongan a disposición sus capacidades de raciocinio y experiencia al servicio en todo el ciclo de productividad del hombre, entonces ese país tendrá más oportunidades para satisfacer sus necesidades y aspirar a un desarrollo.

En conclusión, como lo mencionamos anteriormente cuanto mejor pueda tener un ser humano al acceso a todos los servicios que le permita cerrar sus brechas de calidad y cobertura, mayor serán las oportunidades de alcanzar la esperanza de vida. Entendiéndose como brechas de calidad, a la forma adecuada de como los bienes y servicios están a disposición de las personas para poder satisfacer sus necesidades; mientras que la brecha de cobertura, se refiere a las carencias tanto en bienes y servicios que requiere una persona y aún no ha podido alcanzar.

El ciclo de vida del hombre, empieza desde que es concebido y termina materialmente cuando este deja de existir; en ese sentido, si tomamos como base los vectores fundamentales que hace que el ser humano pueda tener mayores probabilidades que prolongue su existencia, se puede inferir que la sumatoria del vector fundamental denominado calidad de vida con el otro vector fundamental esperanza de vida, obtendríamos un vector de productividad resultante denominado «capacidad de productividad de la persona», factor específico que acompaña a todo ser humano a lo largo del ciclo de su vida y de esa manera contribuya al desarrollo de un país.

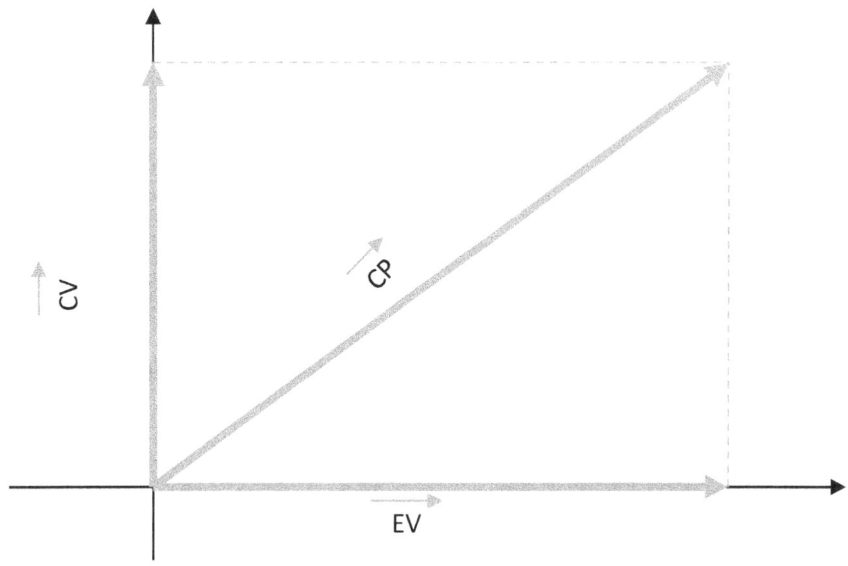

Figura 5. Gráfico donde se muestra la resultante de la capacidad de productividad generado por la sumatoria de los vectores fundamentales calidad y esperanza de vida.

Fuente: Elaboración propia.

$$CP = \sqrt{(CV)^2 + (EV)^2}$$

Donde:

CP : Capacidad de productividad.

CV : Vector fundamental calidad de vida.

EV : Vector fundamental esperanza de vida.

El vector resultante capacidad de productividad de una persona, la podemos definir también como la contribución al desarrollo de las sociedades de manera individual o en su conjunto y esta la realiza durante todo el ciclo de vida. Asimismo, la persona la ejecuta por medio de las competencias alcanzadas a lo largo de los años y con la aplicación de los vectores o factores de capacidades específicos denominados raciocinio y experiencia.

Ambos factores o vectores de capacidades, la desarrollan en cualquier campo de la actividad humana donde se desenvuelvan dentro de las sociedades; es bueno precisar que no interesa cuál sea el grado de complejidad de la contribución, o del nivel alto o bajo en recursos económico que cada individuo pueda aportar por las actividades donde se haya especializado, pues lo que vale en realidad es lo poco o mucho por entregar de manera material o intelectual, ya que, ambos tendrán una cuantificación social valedera.

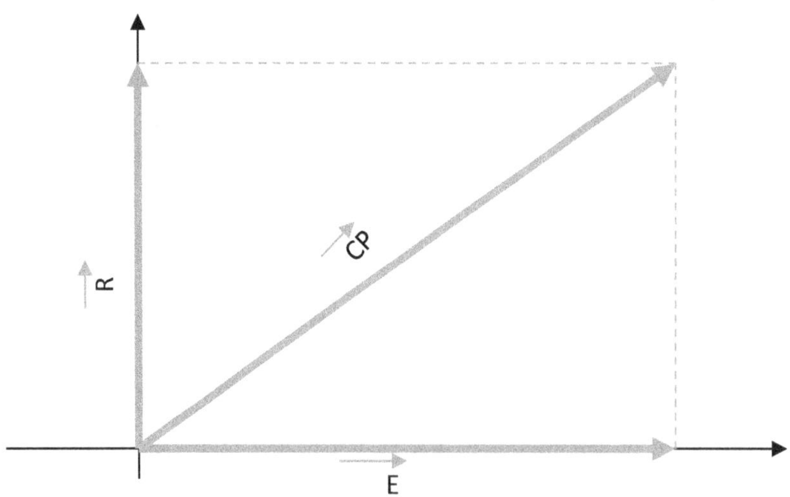

Figura 6. Gráfico donde se muestra la resultante de la capacidad de productividad generada por la sumatoria de los vectores específicos, raciocinio y experiencia.

Fuente: Elaboración propia.

$$CP= \sqrt{R^2 + E^2}$$

Donde:

CP : Capacidad de productividad.

R : Vector específico raciocinio.

E : Vector específico experiencia.

Sí una persona logra tener una vida más prolongada con dimensiones y posibilidades de salud y estado físico pleno; asimismo, contar con un nivel de independencia psicológica, con buenas relaciones sociales externas dentro de su entorno, podrá contar dentro de su ciclo de vida con una fuerza productiva para seguir contribuyendo al desarrollo de un país; no interesará cuál fuera la magnitud del producto que contribuya, lo importante es el aporte que tenga que dar por más mínima que esta sea; ya que, la sumatoria de todas las partes, hacen el todo, en otras palabras, piedra a piedra se construye cualquier muro, en muchos casos ese aporte no podrá cuantificarse monetariamente la envergadura porque simplemente representara un costo y beneficio social.

El vector resultante capacidad de productividad, no significa que este sea producto de un desarrollo paralelo y en la misma medida en magnitud de los vectores de capacidades específicos de raciocinio o experiencia, pues en este aspecto en la realidad no se dará en el mundo, al algunos desarrollaran un vector específico más que el otro, sin embargo, la magnitud de la capacidad de productividad puede ser resultado de un mayor desarrollo del vector raciocinio y de una menor magnitud del vector específico experiencia, o también de manera viceversa.

El aporte que se da por medio del vector de capacidad de productividad seguramente tendrá que ver mucho en que estadio del ciclo de la vida pueda estar ubicado el hombre, también de cuál habría sido el tipo y mecanismo de especialización donde se haya desarrollado durante su vida; por lo general, en las primeras décadas de su vida el vector raciocinio es mayor que la experiencia. Asimismo, en el estadio intermedio del ciclo de vida del hombre, que puede estar oscilando entre la década de los 20 hasta la década de los 70 años, de manera general podríamos ver que ambos vectores específicos de productividad tendrían magnitudes concurrentes; sin embargo, en la última etapa de la vida del hombre donde los años pesan a los seres humanos, por lo general el vector experiencia tendrá más peso específico en cuanto a su contribución al desarrollo de los países.

Por otro lado, debemos también agregar que el comportamiento de los vectores de capacidades específicos no necesariamente puede desarrollarse en la misma magnitud, sin embargo, el resultado como vector resultante de capacidad de productividad destinada a contribuir a sus países y la sociedad en conjunto podría tener una magnitud similar en dimensión.

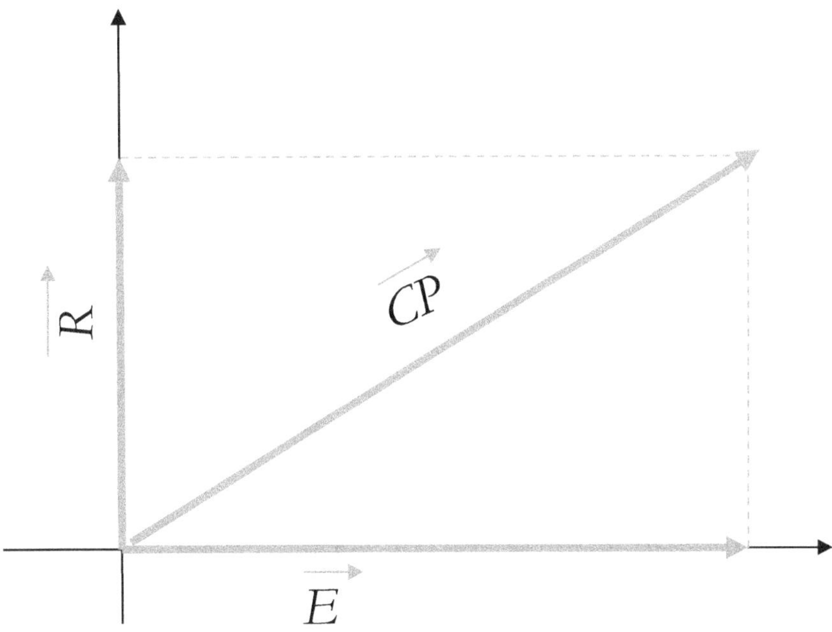

Figura 7. Gráfico donde se muestra la resultante de la capacidad de productividad generada por una mayor magnitud del vector experiencia respecto al vector raciocinio.

Fuente: Elaboración propia.

$$\vec{R} < \vec{E}$$

Donde:

CP : Vector capacidad de productividad.

R : Vector específico raciocinio.

E : Vector específico experiencia.

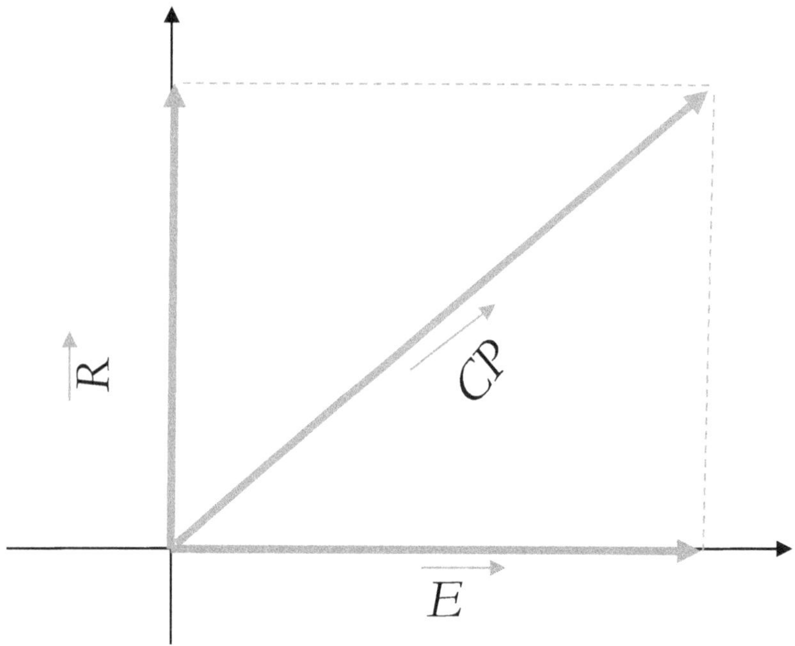

Figura 8. Gráfico donde se muestra la resultante de la capacidad de productividad generada por una mayor magnitud del vector raciocinio respecto al vector experiencia.

Fuente: Elaboración propia.

$$\vec{R} > \vec{E}$$

Donde:

CP : Vector capacidad de productividad.

R : Vector específico raciocinio.

E : Vector específico experiencia.

CAPÍTULO 2
CICLO DE PRODUCTIVIDAD

Bajo el contexto de la productividad como aporte al desarrollo de las sociedades y de humanidad que cada persona la realiza mediante los vectores de capacidades específicos que se relacionan a la experiencia y el raciocinio, podemos identificar que este proceso se realiza en cuatro etapas bien marcadas dentro del ciclo de la vida del hombre; ciclo que se inicia desde el momento que el ser humano es concebido y culmina en el momento que de manera material deja de existir.

Estas etapas pueden guardar estrecha relación, pero no necesariamente están alineadas de manera específica a lo que muchos autores o profesionales han determinado, sea desde el punto de vista psicológico, biológico y otras posiciones desde una óptica del desarrollo humano. En esencia, esta clasificación responde simple y llanamente al punto de vista de la productividad que puede generar cada hombre en cualquier estadio de su vida y de esta forma contribuye al desarrollo de los pueblos.

Planteo que, desde una posición relacionada con la contribución del desarrollo de las naciones, el hombre en todo momento de su existencia no pierde la condiciones y las posibilidades de ser parte de esta contribución; en ese sentido, no existe ninguna persona que no sirva hasta el fin de sus días para entregar algo de su experiencia y de su raciocinio en favor de las demás personas en cualquier campo de la actividad humana.

Se debe proscribir cualquier tipo de discriminación que se pueda profesar, sea este por las condiciones físicas que se encuentra una persona o por la condición de una supuesta tercera edad, ancianidad o como otros la quieran llamar y calificar cuando los seres humanos estén pasando por una edad avanzada.

Desde el punto de vista de productividad y contribución al desarrollo de los Estados y los países como un molde de una visión de crecimiento, no puede existir para esas sociedades la clasificación de niño, adulto, viejo, anciano, decrépito u otra denominación, en virtud que, todos los hombres se constituyen en máquinas de productividad sea en mayor o menor medida y de acuerdo al nivel alcanzado en su capacidad de raciocinio y experiencia.

Sobre la base a hitos o estadios específicos que son fácilmente identificables a través de la historia, donde el hombre ha dividido la vida en función del quehacer cotidiano de las sociedades, como son la etapa escolar, el momento de los estudios de pregrado, cuando forman parte de la población económicamente activa, el momento en que el hombre se jubila, etc. entre otros hitos importantes, podemos agrupar a todos estos estadios en función de cómo y de qué manera una persona aporta al desarrollo de los países en función de su raciocinio y experiencia; es decir, sobre su capacidad de productividad con la que aportan al desarrollo de las sociedades.

Figura 9. Etapas de productividad del ciclo de la vida.

Fuente: Elaboración propia.

En ese contexto, a base de esta capacidad de productividad y del aspecto que las sociedades a lo largo de los años han aceptado como hitos cotidianos, identificamos a cuatro momentos bien marcados que se inicia con el período de la dependencia y el fortalecimiento de la razón del hombre; luego recae en la independencia donde desarrolla en mayor sentido la experiencia y alcanzan la maduración de la razón, pasando por la sapiencia expertiz; por último, la etapa final que correspondería a la sabiduría y del descanso del guerrero.

> La relación entre calidad y esperanza de vida se constituye en una variable importante para que los hombres puedan alcanzar todas las etapas del ciclo de vida que está destinada a la productividad como aporte al desarrollo de las sociedades.

En realidad, el ciclo de la vida destinada a la productividad se genera como un proceso permanente que debe ser producto del nivel de calidad de vida que lleva un ser humano y la esperanza de vida que podría alcanzar; cuantos mayores sean las condiciones de tener mejores servicios a su alcance, mayores serán las oportunidades de tener una vida más prolongada; por consiguiente, al disponer de las condiciones favorables de existencia, entonces mayores serán las condiciones de seguir produciendo y contribuyendo a la sociedad manteniéndose como la masa de productividad activa.

Figura 10. Ciclo de la vida destinada a la productividad.

Fuente: Elaboración propia.

El aporte a la producción que cada persona ofrece a la sociedad y los países, lógicamente su valor estará dimensionado en función proporcional a la etapa del ciclo de la vida que se encuentre cada ser humano; como ejemplo de este punto, hacemos mención sobre el asesoramiento sobre la conducción de los destinos de un determinado país que brindaría una persona que se encontraría dentro del segmento de los hombres de la sapiencia expertiz, quizá sus postulados tendrían una connotación de mayor importancia frente a la actividad que realizaría un adulto de unos 30 años de edad con todas las capacidades físicas corporales en su máxima expresión y trabajando a plenitud, quien contribuya con su mano de obra a la construcción de un gran puente que permitirá que millones de personas y vehículos en las siguientes décadas puedan transitar por esta infraestructura.

Ambos casos son válidos de acuerdo a las prerrogativas y estadios dentro del ciclo de vida de productividad en la que se encuentre cada una de las personas, en razón que, ambos contribuyen en la misma medida al desarrollo de los países; en ese sentido, resultaría inconsistente pensar que cualquier jubilado o persona de la tercera edad ya no podría formar parte de la capacidad productiva y así contribuir en cualquier campo de la actividad humana.

Puede existir sinnúmero de formas y maneras de como se puede aportar, sea escribiendo un libro, prestando asesoramiento, tomando decisiones sobre los destinos de las personas, guiando a sus proles, o simplemente contando sus experiencias vividas a las nuevas generaciones con la finalidad que no cometan los mismos errores que en algún momento ellos fueron parte de esos problemas, o también de contribuir como lecciones aprendidas para replicar los aciertos alcanzados en algún momento.

Comprendamos que la capacidad de productividad que una persona pone al servicio de cualquier actividad sea esta remunerativa o no, el producto generado por este se constituye en un aporte para el desarrollo de un país; en otras palabras, este aporte se materializa como una columna importante dentro de toda una estructura orgánica, pues su falta no permitiría contar con toda la masa necesaria que podría requerir la productividad.

La productividad se entiende como aquella actividad que genera un valor agregado, sea en bienes y/o servicios, con el fin de lograr una utilidad o mejoramiento específico; en ese sentido, la sumatoria de todas las actividades que ha realizado a lo largo de cada etapa del ciclo de producción una persona, pues esos generarán una utilidad o mejoramiento en la calidad de vida de otros dentro de la sociedad como valor agregado.

Los parámetros a tener en cuenta para establecer los rangos o límites entre cada segmento de las etapas de productividad del ciclo de la vida del hombre, en primer término coincido de manera parcial con lo expuesto sobre la categorización realizada por Mansilla (2000) en su artículo que lo encontré en la web, respecto a las etapas del Desarrollo Humano, pues en dicho escrito específicamente hace una clasificación del ciclo de vida del hombre en una etapa prenatal, formativa, laboral y jubilar; en ese contexto, comparto en cierta medida las tres primeras etapas, sin embargo, no comparto la idea que el hombre luego de alcanzar los 64 años como lo manifiesta la autora del articulo tenga que ingresar a la parte jubilar; pues bajo esta clasificación se estaría desperdiciando la productividad que a partir de los 64 años pueden continuar aportando como valor agregado al desarrollo de los países.

En el caso del rango de la primera etapa de productividad de la vida del hombre que corresponde a momento de la dependencia, sus límites estarían segmentados desde el momento que es concebido hasta que dure su etapa formativa, es decir, concluir los estudios de pregrado.

Para calcular el extremo límite del término de esta etapa, tomamos como base en primer aspecto la edad que dispone un ser humano al momento de concluir el colegio secundario que por lo general puede oscilar entre los 16 y 17 años, a esta edad le sumamos los años que le representaría a una persona realizar sus estudios de pregrado y que en las mejores condiciones obtenga su titulación profesional, que en total estimamos le podría demandar unos 6 a 8 años; en ese sentido, nos da un indicativo que el rango máximo de la primera etapa catalogada como de la dependencia su término oscilaría en promedio a los 25 años de edad con una desviación hacia arriba o debajo de 1 a 2 años respectivamente.

En el caso del rango de edades que se encontraría la segunda etapa de productividad de la vida del hombre que corresponde a la independencia, este empezaría una vez que concluya la etapa de la dependencia, es decir, en promedio a los 25 años. Esta etapa podría tener una duración estimada que oscilaría entre los 25 a 30 años respectivamente, tiempo que considero razonable para poder alcanzar la maduración en el vector específico capacidad de raciocinio como en el vector experiencia ganada en cualquiera de los campos de la actividad humana donde la persona se haya estado desarrollando.

El punto donde se da inicio al camino de la tercera etapa denominada de la sapiencia expertiz, responde al momento cuando el hombre, por los conocimientos adquiridos y la experiencia vivida en un estadio de maduración, puede entrar a una fase donde sus potencialidades le permite abiertamente crear teorías, establecer filosofías de vida, dimensionar lecciones aprendidas y de vida, alcanzar la excelencia y pericia en sus oficios, profesiones o actividades manuales que realice, siendo la más importante dentro de estas potencialidades la capacidad de guiar, dirigir y de la de concientizar a las personas.

Podría existir en cierta manera un aspecto discutible de cuando una persona pasa de la fase de la independencia a la sapiencia expertiz, en realidad existe un período de transición que estaría representada por la intersección de ciertos procesos que sea tengan que ejecutar entre ambas etapas. El límite entre la etapa de la independencia y de la sapiencia expertiz, dependerá mucho del nivel alcanzado por el hombre en cada uno de los vectores específicos de experiencia y raciocinio con la cual cada persona se dé cuenta de que ha alcanzado una competencia suprema de maduración, por tanto, debo formar parte de la tercera etapa.

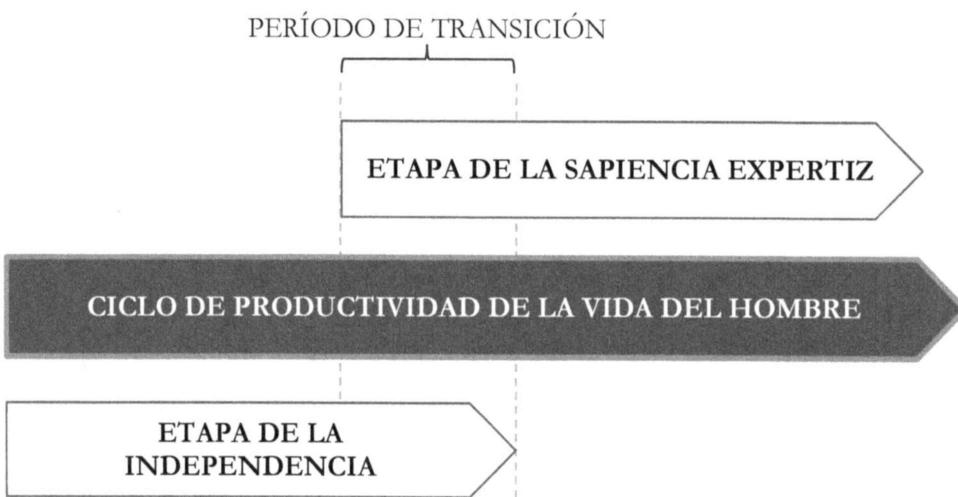

Figura 11. Período de transición entre la etapa de la independencia y de la sapiencia expertiz.

Fuente: Elaboración propia.

Para poder sustentar mejor y comprender en que rango de edades podría estar representado el segmento de la etapa de la sapiencia expertiz que básicamente se constituye en una fuerza laboral intelectual más que en fuerza motora física, tomado como unidad de análisis a una muestra importante representativa que recae en todos aquellos hombres que guían los destinos de los seres humanos en el mundo; esta muestra representativa compuesta por un total de 339 personajes, quienes gobiernan el camino de 195 países del mundo, cuya relación de jefes de Estado y Gobierno en el año 2023 se muestran en el anexo al final del libro.

Es importante resaltar que el resultado a partir del análisis de esta muestra tendrá una alta probabilidad de validez, argumento que se sustenta porque este segmento, a pesar de ser muy reducido, es el segmento que representan a los más de ocho mil millones de habitantes de la tierra, por consiguiente, nos permite tener conocimiento con alto grado de certeza en que años de edades los hombres gobiernan los destinos del mundo.

El ostentar altos cargos que tengan la responsabilidad de dirigir los destinos de los países, en realidad no solo es representar a 195 países, sino que también representa la aceptación de más de 8 mil millones de personas que en la actualidad representan a la población del mundo en el año 2023. Es importante indicar que el ejercicio de un mandato de un país, es consecuencia de la concurrencia a las urnas de la población en general, donde ellos ejercen su derecho al voto y aceptan al ganador de este proceso para que sea ese personaje quien los gobierne; del mismo modo, en otros casos que la propia población en circunstancias excepcionales y ajenas al voto popular reconozca a los que tomaron el poder para gobernarlos.

También esta muestra de calidad no solo representa al número de personas que conforman la población actual, sino que por medio de la forma de gobierno que dirigen estos 339 personajes, sea presidencial o semi-presidencial, parlamentaria, federal, presidencial o parlamentaria, coprincipado parlamentario, de una monarquía constitucional, semi constitucional o absoluta, socialista o islámica entre otros; estos también representa al pacto social establecido y aceptado por muchas generaciones anteriores de cada país, pacto que la mantienen en su constitución política donde se establece la forma de gobierno respectivamente.

En ese orden de ideas, por lo expresado en los párrafos anteriores, no existiría forma de poder descalificar que esta muestra es limitada e insuficiente para sustentar en que rangos de edades son los que gobiernas los pueblos, argumentando que solo representa a un simple o pequeño estrato o segmento de población, por tanto, los resultados que provengan de este análisis solo representen a un estudio estadístico cualquiera y no muestre realmente al sentimiento de toda la población mundial.

Del análisis del estudio realizado nos indicada que la muestra respecto al promedio de las edades de todos estos personajes que ejercen gobierno de los países del mundo, vemos que estos se encuentran en el rango de los 62 años de edad, también podemos establecer que tanto la mediana como la moda que se constituyen en otras herramientas estadísticas, nos indica que se encuentran también en los 62 años. Tengamos en cuenta que la mediana es el número intermedio de un grupo de números, del mismo sentido, la moda representa el valor que aparece con mayor frecuencia en un conjunto de datos.

Al aplicar el mecanismo de la desviación estándar, sobre la muestra de las edades de los 339 personajes importantes que dirigen los destinos de las naciones, podemos establecer que existe una variación de 11 años; en este contexto, tomando el valor de la variación respecto al valor promedio, determinamos que el segmento de personas que se encontrarían en la etapa de productividad del ciclo de la vida catalogada como de la sapiencia expertiz, estaría entre los límites de los 51 y 74 años de edad; es decir, que este segmento tendría un tiempo estimado de 23 años dedicados a la productividad en pro del desarrollo y el crecimiento de los países. En la siguiente tabla mostramos, los datos que muestran lo indicado:

Tabla 3

VALORES OBTENIDOS MEDIANTE LAS MEDIDAS DE TENDENCIA CENTRAL DE LA MUESTRA DE LOS 339 PERSONAJES IMPORTANTES DEL MUNDO.

Parámetro	Años
Promedio.	62 años
Desviación estándar.	11 años
Rango máximo de la desviación estándar.	74 años
Rango mínimo de la desviación estándar.	51 años
Mediana.	62 años
Moda.	62 años

Fuente: Elaboración propia.

De la construcción del histograma con los datos de los 339 personajes importantes, podemos determinar las clases o también denominados rangos que nos muestran entre que edades estarían comprendidos desde el gobernante más joven respecto al de mayor edad. Aquí claramente se puede ver que esta muestra se distribuye en diez grupos de edades, donde es evidente que el segmento entre los 53 hasta los 74 años abarcan un total de cuatro clases y alcanzan a 215 personajes que representa el 63.42% del total de muestra, eso nos indica que los destinos y las vidas de los hombres recae mayoritariamente en manos de este segmento, es preciso indicar que para ocupar estos cargos importantes que dirigen a los países, estos deben de responder a un alto nivel de capacidad de productividad que se sustente en el binomio vectorial de la experiencia y el raciocinio.

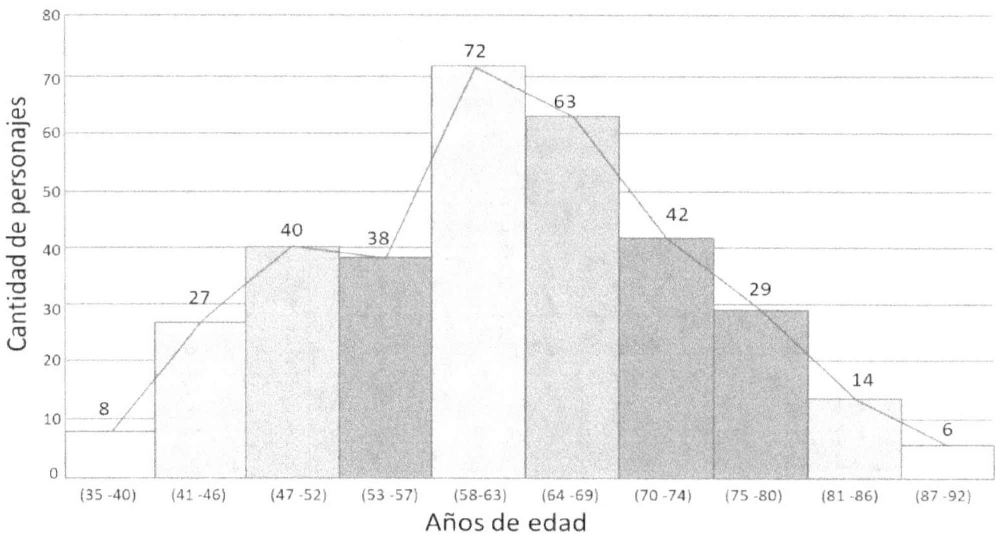

Figura 12. Histograma que muestra la distribución en segmentos de las edades de la muestra de los 339 personajes importantes que gobiernan los destinos de los países del mundo en el año 2023.

Fuente: Elaboración propia.

En otro contexto, si continuamos revisando los datos de la muestra, podemos ver que, entre los 35 y 52 años de edad, el porcentaje alcanza el 22.12 % de todos los personajes y numéricamente representa a un total de 75 gobernantes, pero, tengamos en cuenta que estos seres humanos en el transcurso de los años también formarán parte del segmento de la sapiencia expertiz. También la muestra nos indica un número menor entre los 75 a más años y que estos alcanza solo a 49 mandatarios y alcanzan un 14.45%, pues la respuesta a este último resultado es lógica, ya que, por lo general, la capacidad física corporal se convierte en el primer enemigo que ocasiona la degradación física de las personas y eso es un limitativo para las actividades de un gobernante que debe ser dinámico, por esas razones el aporte a los pueblos a mayor edad esta se circunscribe al contexto de la sapiencia, expertiz y sabiduría.

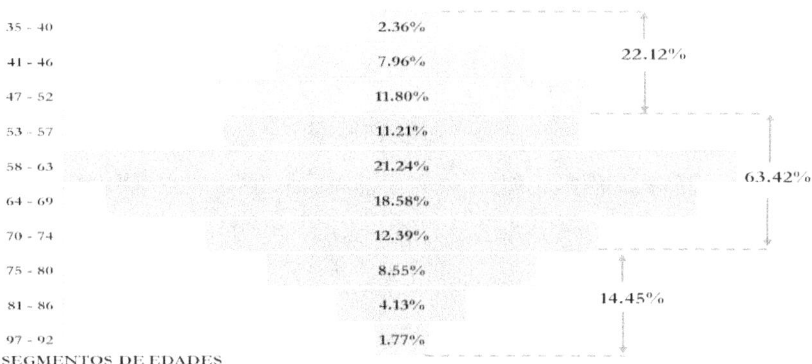

Figura 13. Porcentaje por segmentos de las edades de la muestra de los 339 personajes importantes del mundo en el año 2023.

Fuente: Elaboración propia.

Para comprender lo indicado en el punto anterior sobre la degradación, es conveniente tener presente lo que significa la relación que existe entre la capacidad física corporal con la cual está estructurado el cuerpo humano respecto a la capacidad de productividad que responde a lo que desarrolla cada una de las personas en beneficio de la sociedad y el desarrollo de los pueblos.

Como mencionamos en la primera parte del libro, la capacidad física corporal se refiere a las condiciones físicas que dispone a lo largo de su vida un hombre, atributos con las cuales le permite ejecutar actividad física y también que pueda preservar su vitalidad cada uno de sus órganos internos que dispone el cuerpo de un ser vivo; frente a la capacidad de productividad que se enfoca en esencia a las competencias generadas por los vectores específicos representados por la experiencia y el raciocinio respectivamente, variables con las cuales se desenvuelve en distintas actividades específicas dentro de la sociedad.

En un ciclo de vida que abarca las cuatro etapas de la vida de productividad, el efecto de la capacidad física corporal siempre tendrá una curva ascendente hasta alcanzar su máxima expresión en la etapa de la independencia, para luego esta curva entre en una pendiente negativa como producto de la degradación que ningún ser humano puede ser ajeno a este proceso natural de la vida; mientras que el vector de productividad no siempre sigue esta misma trayectoria, en virtud que, mientras la curva física corporal puede estar entrando en una degradación, la curva de la productividad puede mantenerse en una pendiente ascendente, que incluso puede estar por encima de la física corporal hasta el último día donde el ser humano deje de existir. En la siguiente figura podemos ver cómo podría ser el comportamiento de cada una de las curvas del ciclo de vida de los seres humanos:

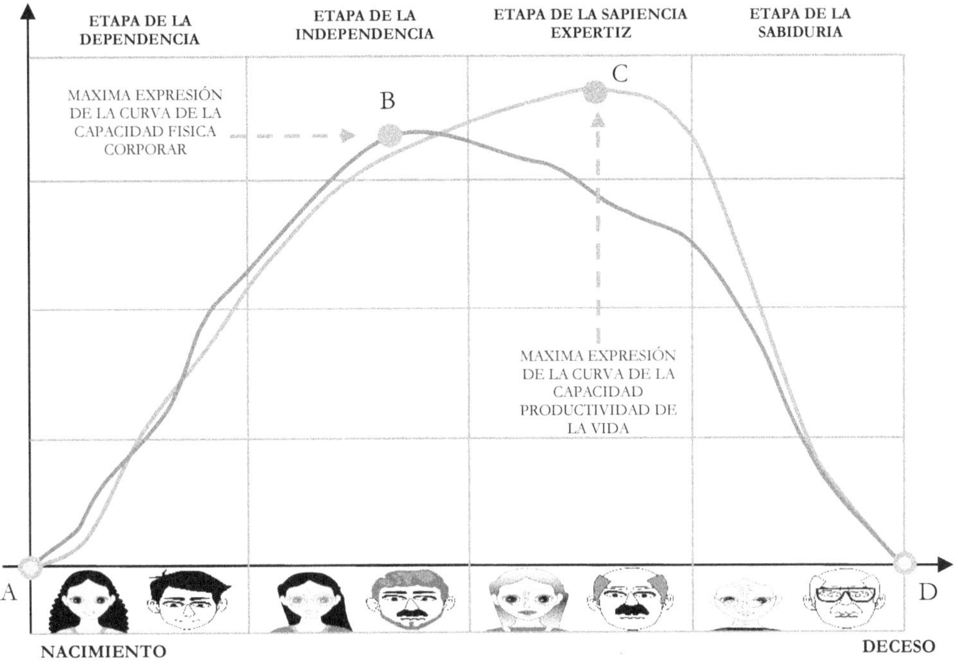

Figura 14. Relación entre la curva de la capacidad física corporal y la curva de capacidad de productividad del ciclo de la vida del hombre.

Fuente: Elaboración propia.

GUIOVANI GASTAÑAGA ALVAREZ

CAPÍTULO 3

ETAPA DE LA DEPENDENCIA

La primera etapa de productividad de la vida la denominamos de la dependencia, porque en esta parte del ciclo de la existencia del ser humano su desarrollo, sea de forma directa o indirecta, va a tener que estar supeditado a la responsabilidad de alguien que en estado normal debe recaer en los progenitores, sin embargo, esta dependencia puede ser realizada por otros actores de acuerdo a la circunstancia, como por ejemplo puede recaer la responsabilidad en apoderados o por medio de organizaciones privadas o del propio Estado.

Figura 15. Figura que podría representar el estadio de la primera etapa de la vida productiva del hombre.

Fuente: Elaboración propia.

En esta etapa, se forman las bases fundamentales con las cuales se construye la arquitectura de los vectores específicos del raciocinio y la experiencia para poder integrarse a la sociedad como parte de la fuerza laboral que le permita recorrer las vías donde su aporte se materialice de forma directa en el desarrollo de las sociedades.

En este período, el hombre en mayor medida desarrolla el vector específico raciocinio en comparación al vector representado por la experiencia; en este espacio de tiempo se centra con mayor preponderancia a la construcción de los conocimientos necesarios para que con estas armas enfrente los retos que se le presente cuando forme parte de los cuadros de la fuerza motora de la población económicamente activa de los países.

Cuanto mayor sea el grado de dependencia que contenga un sostenimiento integral para satisfacer las necesidades y requerimientos de las personas dependientes, pues mayores podrán ser las probabilidades que las personas alcancen contenidos sólidos en conocimientos y principios; elementos sustanciales con los cuales en la siguiente etapa de la vida les permitirá encaminar hacia una filosofía de vida y con una escala de valores ordenada que guie sus acciones y encaminar su destino para ser parte de la masa de productividad de la sociedad.

El ciclo de la vida, aunque muchas corrientes en el mundo digan lo contrario, considero que se inicia cuando el ser humano es concebido, argumento que la sustento con una simple respuesta respecto a la supervivencia del embrión que resulta de la unión de las células sexuales masculina y femenina; pues este embrión si y solo si dependerá siempre su existencia de la decisión de terceros y en especial de la madre que involucra también al aborto no deseado; en conclusión, aunque esa célula no sienta o piense, pero simple y llanamente dependerá de alguien su existencia.

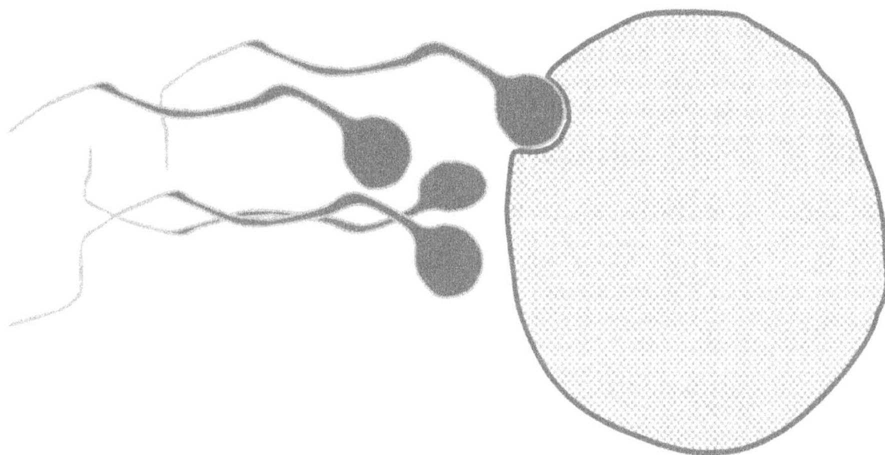

Figura 16. Figura que muestra el momento del inicio de la etapa de la productividad del ciclo de la vida del hombre denominada de la dependencia.

Fuente: Elaboración propia.

En ese contexto, de lo mencionado anteriormente nos indica que el primer ciclo de la vida, bajo el postulado de la dependencia, su punto de partida comienza en la concepción y este termina cuando el ser humano deje de ser dependiente de alguien, es decir, el momento cuando el hombre levante vuelo hacia la siguiente dimensión denominada de la independencia, instante que por lo general el ser humano se inserta a la fuerza laboral dentro de cualquier actividad productiva.

La concepción de un ser humano durante la etapa prenatal se constituye en un hito destinado a preservar la especie humana, en este contexto, al punto de vista de la productividad del ciclo de la vida, nos indica que cada embrión se constituye en una nueva semilla que en el futuro generará frutos de experiencia y raciocinio con los cuales contribuirá al desarrollo de los pueblos o países; en este orden de ideas, el seccionar la existencia de un embrión, también se estaría negando una mano de obra más de experiencia y raciocinio que sume para el crecimiento de cualquier pueblo en el futuro.

En este momento de la vida, si bien es cierto que el feto no aporta un valor agregado en términos monetarios con fines destinado al desarrollo; sin embargo, es el punto donde empieza el camino de la preparación de la fuerza motriz. En esta parte de la vida el ser humano aprender a través del tacto, de los sonidos y de la condición emocional, de los estímulos y de los flujos de hormonas que se establece entre la relación madre y bebé; sin embargo, el ser humano es completamente dependiente de la madre para poder sobrevivir; y si fuera el caso de un niño probeta, pues este dependería siempre de un ser humano de su existencia de mantenerlo o desconectarlo.

Una vez que nace el ser humano, durante su primera infancia, que oscila hasta los 3 o 4 primeros años, se dan el desarrollo del lenguaje, ya que aprenden a hablar y comprender lo que dicen. En esta etapa la dependencia del hombre recae en los padres o de las personas que puedan estar con él y encargados de su cuidado, es ahí donde hace que el aprendizaje sea esencial para poder formarse los conceptos de cómo funciona las relaciones entre los hombres, la familia o de aquellas que estén dentro de su entorno.

En los siguientes años de la primera etapa de productividad del hombre, esta se desarrolla en función de la aprehensión de los conocimientos y estos son transmitidos por lo general mediante los centros de formación educativa, es aquí, en el colegio donde se construyen las primeras herramientas que les servirá como armas para poder afrontar la siguiente etapa de la vida denominada de la independencia.

El ser humano, en un estadio normal de crecimiento y desarrollo, luego de concluir sus primeros estudios formativos que comprenden la educación inicial, primaria y secundaria, para alcanzar la finalidad futura de disponer de competencias fundamentales para enfrentar en un área específica dentro de la fuerza motora de la sociedad, se forma en las aulas de los centros de pregrado de las universidades o de los institutos tecnológicos sea en el campo profesional u otros que corresponden al ámbito técnico especializado respectivamente.

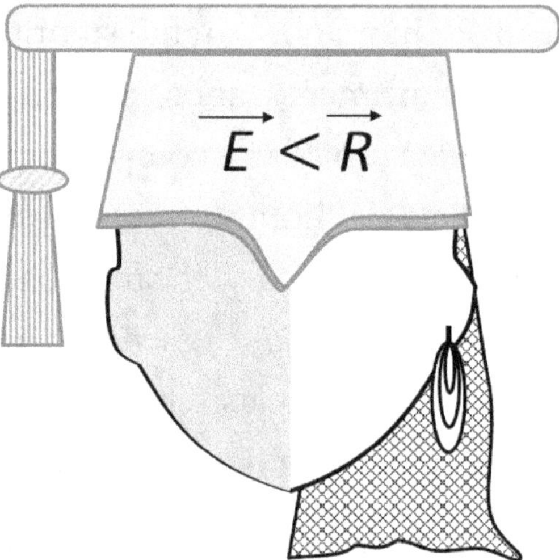

Figura 17. Símbolo que podría representar el fin de la etapa de productividad del ciclo de vida denominada de la dependencia, período donde se identifica un mayor crecimiento del vector específico raciocinio respecto al vector experiencia.

Fuente: Elaboración propia.

Según vaya alcanzando los conocimientos de manera progresiva en cada nivel de formación a lo largo de esta etapa de la vida hasta llegar al punto de que sus ideas se formen conceptos sobre las cosas que probablemente quiere en el futuro como aspiraciones; el hombre va creando palmo a palmo su almacén y cúmulo de capacidades como instrumentos fundamentales para lograr alcanzar competencias que respondan a esas aspiraciones futuras; en ese sentido, los seres humanos actúan como especie de esponjas que absorben todo el conocimiento que pueda estar a su disposición.

Es aquí también donde se forma el autoconcepto, se gana las capacidades de pensar, de percibir los estados mentales de los demás, de diferenciar entre lo que se sabe o se carece de información con la finalidad de investigar e indagar la solución a un problema presentado; por esas consideraciones a esta etapa la debemos definir como la fase del crecimiento del raciocinio.

Si bien es cierto, que durante la implementación de la fase de la dependencia como ciclo de la productividad del ser humano, en la gran mayoría de los países no se ve reflejado o materializado en una contribución económica que se pueda cuantificar monetariamente dentro de un producto bruto interno, de los estados financieros de las organizaciones privadas o estatales, o también de cualquier otra herramienta de carácter económico; pues la respuesta simplemente recae en que todos los seres humanos en este momento de su existencia se encuentran en una fase de formación de los futuros cuadros que posteriormente se constituirán en la fuerza motriz, en la mano de obra, en los ejes cigüeñales de los motores, condición que serán necesarias para ser parte de la siguiente etapa y como parte de la población económicamente activa.

Entrar a la fase donde se conviertan en los pilares que generen riqueza como parte de algunos de los medios de producción, sea de bienes o servicios con las cuales pongan a disposición de los Estados para su desarrollo, requiere que se construya la infraestructura adecuada y sólida en la edad de la dependencia.

GUIOVANI GASTAÑAGA ALVAREZ

CAPÍTULO 4

ETAPA DE LA INDEPENDENCIA

El segundo período de productividad del ciclo de la vida del hombre la denomino como la etapa de la independencia, momento de la existencia del ser humano que podría considerarse que su duración es mayor respecto a las otras etapas. La característica fundamental de esta parte de la vida, recae en que el género humano muestra un crecimiento concurrente y sustancial respecto a su experiencia, como también de lograr alcanzar la maduración de su raciocinio producto de los conocimientos que son adquiridos de manera continua a lo largo de todos los años que dure este período. Esta es la parte de la vida que el hombre alcanza todas sus potencialidades que se han ido sumando desde que se dio inició a la primera fase de la vida productiva.

Figura 18. Figura que representa el estadio de la segunda etapa de productividad del ciclo de vida del hombre.

Fuente: Elaboración propia.

Dependiendo lo que quiera o pueda construir cada persona en este período de tiempo, este momento será el condicionante fundamente para que cada persona decida qué hacer en las siguientes dos etapas de productividad del ciclo de la vida. Algunos decidirán continuar con la actividad productiva de manera plena sobre el camino de la tercera etapa, mientras que otros simplemente optarán por pasar a la etapa del descanso del guerrero; sin embargo, aunque el hombre decida pasar de frente a la última etapa de productividad del ciclo de la vida, debe quedar claro que ellos seguirán contribuyendo de una forma u otra al desarrollo de los países.

En la etapa de la independencia, el hombre desarrolla durante los años su arma más contundente, que está representada por el binomio de los vectores específicos representados por la experiencia y el raciocino. Vectores que según vayan pasando los años irán alcanzando una maduración progresiva hasta lograr alcanzar estándares tales que el propio ser humano sentirá que sus decisiones ya son añejas y por consiguiente es momento que ellos deben formar parte del siguiente segmento de la población que recae a la etapa de la sapiencia expertiz.

Esta segunda etapa, como base fundamental de la vida del hombre, su inicio dentro de la sociedad, podría mapearse en promedio a los 25 años de edad aproximadamente, hito que en un sentido normal debería representar el momento cuando los hombres culminan o reciben el grado de una carrera técnica o profesional.

Otros empezarán cuando se inserten a la fuerza laboral activa, afianzándose en algún trabajo u oficio que respondería en esencia al fruto que cada ser humano habría cultivado producto de las acciones realizadas durante la primera etapa de productividad de la vida. En otro contexto, para otros, a pesar de haber alcanzado las competencias y capacidades durante la primera etapa en las aulas de pregrado, el inicio de esta etapa se les abrirá, pero en otros campos de la actividad humana diferentes a la que fueron preparados.

El tiempo de duración de esta etapa que pasa el ser humano, podría oscilar entre los 25 a 30 años; tiempo que en muchos casos puede tener una estrecha relación a los años que las leyes laborales reconocen a los trabajadores para poder alcanzar una pensión de jubilación; del mismo modo, la duración de esta etapa la identificamos de manera directa con el grupo de personas que es considerada por todas las sociedades del mundo como la población económicamente activa. También su duración estaría alineado al segmento de la población que posee mayores capacidades físicas corporales respecto a las otras edades a excepción de la primera etapa, ya que, ellos dispondrían de mayores prerrogativas para ser considerados como una masa productiva dotada de una fuerza de trabajo físico motriz.

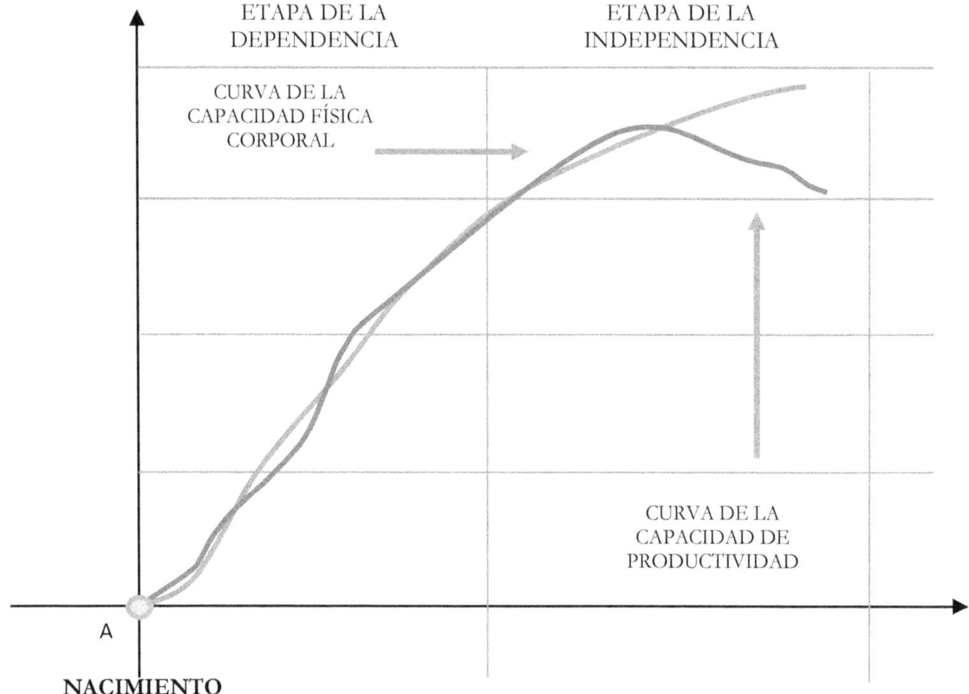

Figura 19. Gráfico donde se muestra el comportamiento de la curva de la capacidad física corporal y del vector capacidad de productividad.

Fuente: Elaboración propia.

En este trayecto de la vida del hombre, es bueno poner en evidencia que las capacidades físicas corporales se van desarrollando de manera casi concurrente que las capacidades de productividad en los tres primeros a cuatro lustros de esta etapa de productividad; sin embargo, cuanto va alcanzando los últimos lustros de esta etapa, la capacidad física corporal comenzará a degradarse, es decir, en la curva del ciclo de la vida este vector empezará a tener una pendiente negativa y esta será irreversible; a diferencia del vector de capacidad de productividad cuya curva tendrá un sentido contrario orientado a contener una pendiente positiva y de crecimiento.

En gran medida, en esta etapa se solidifica la formación profesional o técnica con estudios de postgrado a manera de capacitación continua, sea con diplomados, maestrías, doctorados, constituyendo empresas; del mismo modo, escalando en diferentes grados y puestos de responsabilidad dentro de las organizaciones donde laboran, también dentro de esta etapa mapeamos la naturaleza de conformar sus propias familias.

Durante este tiempo, el hombre afianza sus capacidades con el fin supremo de garantizar la supervivencia de la raza humana. Entendamos este punto, en el sentido que en ellos y ellas por lo general son los que guían y sustentan el desarrollo de sus proles, quienes se encuentran en la etapa de la dependencia.

También en esta etapa de productividad del ciclo de la vida del hombre, este segmento sienta las bases para garantizar su seguridad futura de vida, en virtud, que en este estadio, con su trabajo aportan de conformidad a las normas legales de los sistemas laborales de los Estados del mundo para disponer de una pensión de retiro, así como también recibir compensaciones por su trabajo realizado de parte de sus empleadores por todo el tiempo que han laborado.

Por otro lado, dentro de las diversas formas de expresión que el hombre contribuye al desarrollo de las comunidades, en esta etapa se construye las estructuras relacionadas con la calidad de vida de ellos mismos y también de sentar las bases para que sus proles mantengan o superen de lo que tienen cuando dejen de ser parte de la etapa de la dependencia. Tengamos en cuenta que las sociedades se desarrollan más si disponen de más fuerza laboral con capacidades de aportar, por esas razones, cuanto mayor sea la calidad de vida de las personas, entonces habrá mayor esperanza de vida de las personas y eso generará una mayor actividad productiva.

Es aquí donde las aspiraciones del ser humano toman mayor preponderancia, pues el deseo y la visión de llegar a construir un futuro distinto al que puedan haber tenido en muchos casos llenos de carencias, hacen que creen herramientas fuertes para que con estos medios se genere recursos, que si bien es cierto que van en beneficio de ellos mismos, pero también de manera directa o indirecta contribuyen a que otras partes de la sociedad pueda cumplir con sus aspiraciones o satisfacer sus necesidades.

De lo mencionado anteriormente se puede poner múltiples ejemplos al respecto, imaginémonos que significa el deseo de querer comprar un vehículo, un departamento, u otros bienes; en primer punto significa que la adquisición de alguno o todos los bienes indicados esos serían producto del trabajo y, por tanto, con eso se estaría haciendo realidad su ilusión o aspiración; en segundo aspecto, recaería sobre los recursos que fueron destinados al pago del bien adquirido, pues con eso la organización o la empresa vendedora, pagaría a sus trabajadores, obtendrá ganancias y por supuesto aportaría al Estado con la contribución de impuestos; en tercer punto, con los impuestos recaudados, el Estado traduciría en obras públicas o servicios sociales en pro de las poblaciones; en consecuencia, cuanto un Estado tenga una mayor fuerza laboral disponible para producir, mayores serán las oportunidades de otros para alcanzar sus objetivos.

GUIOVANI GASTAÑAGA ALVAREZ

CAPÍTULO 5

ETAPA DE LA SAPIENCIA EXPERTIZ

La tercera etapa de la vida productiva del hombre corresponde al período de la sapiencia expertiz, constituyéndose esta parte de la existencia del ser humano en realidad en la más interesante y exquisita dentro del ciclo de vida del ser humano, pues en esta etapa se podría decir que el hombre dispondría de una maduración sólida tanto en experiencia como en raciocinio.

Figura 20. Figura que representa el estadio de la tercera etapa de productividad del ciclo de la vida del hombre.

Fuente: Elaboración propia.

La denominamos sapiencia, porque le atribuimos un alto grado de conocimientos que el ser humano logra alcanzar en la vida, esto nos indica la amplitud y profundidad de entendimiento alcanzado por el hombre con el cual puede solucionar y tomar decisiones ante circunstancias extremas que se le presenten.

Esta sapiencia es producto del perfeccionamiento que recibe a lo largo de la vida con programas, cursos de perfeccionamiento continuo sea en las universidades, centros tecnológicos o también por la basta información que existe por el avance de la tecnología con la cual habría adquirido de manera autodidacta con la finalidad de aprender por sí mismo aspectos relacionados a sus intereses o aspiraciones destinados a cumplir con sus objetivos, pero ya no solo destinado a su persona sino que también están orientados hacia la sociedad.

El expertiz, a estas alturas de la vida representa a la experiencia que no solo proviene de la sinergia obtenida por sí misma por cada persona en su desarrollo cotidiano y en las diferentes actividades que haya realizado desde que tenía uso de razón y se extendieron durante la etapa de la dependencia e independencia; sino que también recoge y conjuga la experiencia de hacer las cosas como producto de la interacción entre distintos segmentos de la población, sea en los centros laborales, recreativos, deportivos, culturales, sociales, etc.; también dirigiendo a dichas organizaciones o como miembros de los equipos o grupos organizados dentro de la sociedad.

La expertiz, en la actualidad, ya incluye la necesidad de adaptarse e integrarse a las nuevas capacidades que pone al servicio de la humanidad las nuevas herramientas que brinda la ciencia y la tecnología, que en su mayoría presentan cambios constantes en su desarrollo, como por ejemplo tenemos a las herramientas que representan al software y al hardware.

Este período podría mapearse entre la década de los años 50 hasta mediados de los 70 años, es decir, alcanzarían un promedio de duración entre los 20 a 25 años, momento que el hombre se constituye en la masa de productividad donde su aporte que brinda al servicio de las sociedades y los países, proviene con mayor peso específico del vector fundamental denominado capacidad de productividad, respecto al vector de capacidad física corporal que registra una menor o mínima preponderancia.

En el capítulo denominado ciclo de productividad; tomamos y sometimos a un análisis a una muestra excepcionalmente de calidad representada por 339 personajes importantes, quienes conducen los destinos de 195 países y más de 8,000 millones de habitantes; sobre la base a este estudio y algunas consideraciones de orden sociológico refuerza la tesis que el rango que comprendería a esta exquisita y excepcional etapa de la vida se encuentra entre los 51 a 74 años de edad, con un promedio de la mayoría de los gobernantes se encuentra sobre la base de los 60 años; además, podemos identificar que esta etapa de la vida tendría una duración aproximadamente en promedio de 22 años.

El repositorio que almacena cada persona en esta etapa del ciclo de la vida productiva del hombre, solo es el resultado del nivel de raciocinio y grado de experiencia que año a año ha ido construyendo una arquitectura de capacidades llenas de un know-how macerado, altamente rico en proteínas de sapiencia y dotado de vitaminas de expertiz.

La infraestructura de sapiencia y expertiz construida por este segmento, contiene una basta base de datos almacenados, ordenados y preservados en cada una de las mentes de estas personas, los mismos que son aplicados en la productividad en provecho de los Estados; tengamos en cuenta que por medio de la experiencia y del raciocinio el hombre alcanza las facultades mentales que le permite aprender, entender, razonar, tomar decisiones y establecer conceptos de una idea determinada de la realidad; en ese sentido, imagínense, que significaría disponer de la sumatoria de las facultades de este segmento, pues simple y llanamente ese producto sería sólido y consistente para la toma de decisiones y así contribuir al destino de los pueblos y las comunidades.

En esta parte del camino las decisiones de estas personas son en gran parte como el vino, que cuanto más añejo, mayor será su consistencia y delicia; a estas alturas del partido el ser humano alcanza las competencias que responden al conocimiento y la experiencia en plenitud, y estos factores se constituyen en las mayores fortalezas con las cuales brindan el aporte a las sociedades, sea con el trabajo donde continúan laborando, o en otros casos luego de pasar al retiro de sus primeros trabajos y comenzando en una nueva actividad laboral o de forma de trabajo; sin embargo, a pesar de que muchos puedan mantenerse como jubilados y que algunos crean que ya no contribuyen al país, pues están equivocados y su postulado es falso de toda falsedad, en razón, que tan solo transmitiendo sus conocimientos por medio de las personas y del entorno donde se desarrollan, esta actividad ya se constituye en una forma de contribución hacia la sociedad, que si bien es cierto no tendrá una cuantificación monetaria, pero sí este hecho contendrá un alto valor de carácter social.

El término jubilado no significa que el hombre ya no pueda ser parte de la masa de productividad y que este ya haya cumplido con su ciclo de contribución, por tanto, lo más correcto y sensato sería irse a los cuarteles de invierno; al contrario, este es el momento donde la sapiencia expertiz le otorga un estatus con el cual pueden mantenerse en la cancha de juego en una posición más importante y expectante, que incluso les otorga un alto sentido de concientización sobre las personas y las masas que lo rodean, que en muchos casos generaran el cambio de las sociedades, de su comunidad, de su distrito, de su pueblo o de su comarca.

Sus decisiones y opiniones pueden determinar o cambiar los destinos de las personas, de la sociedad en su conjunto; en consecuencia, esos viejitos que muchos se expresan de esa manera adjetivos que se debe desterrar, en realidad no existen, más bien lo que existe es un segmento muy importante en la sociedad que tiene mucho protagonismo en los destinos de los países por su poder de manipulación y concientización de masas, virtud que hace la diferencia respecto a las otras edades de productividad del ciclo de la vida del ser humano.

Dependiendo de lo que el hombre haga en la segunda etapa del ciclo de la vida de productividad, las potencialidades podrán ser mayores para poder continuar contribuyendo en el desarrollo de un país en la tercera etapa; en este contexto, la variable calidad de vida será el factor fundamental para que esta masa de conocimientos y experiencias pueda continuar aportando en mayor o menor medida.

Es necesario comprender que, de acuerdo al ciclo de la vida, existe un concepto erróneo en una gran mayoría de personas dentro de las sociedades, donde se confunde que un factor de productividad solo está ligado al empleo de la capacidad física corporal y que solo la productividad es prerrogativas de las personas con menores años que disponen de esas posibilidades físicas.

En cierta medida la sociedad acepta la posición que el jubilado ya es un viejo que no sirve para la sociedad porque su condición física se encuentra en un proceso de degradación, creando de esta manera una figura sin un sentido y que es aceptado como una regla general por las personas que al no disponer de capacidad físicas corporales, más bien ellos y ellas deben pasar al descanso del guerrero.

Si bien es cierto que según pasan los años la degradación de la capacidad física corporal es irreversible en el ser humano; eso no quiere decir que el raciocinio y la experiencia que representan la capacidad de productividad del ciclo de vida de las personas también tengan que seguir ese mismo camino de degradación, más bien al contrario según sigan pasando los años este vector de productividad seguirá incrementándose; sin embargo, tampoco podemos ser ciegos de comprender que según la persona vaya teniendo más años, pues la capacidad de poder contribuir al desarrollo de los países se irá reduciendo progresivamente, en algunos casos de manera gradual mientras que en otros mantendrán vivo la llama hasta el último suspiro de su vida.

Tenemos que entender que durante la etapa de la dependencia se desarrolla el raciocinio en mayor medida que la experiencia, en la etapa de la independencia ambos vectores específicos toman gran preponderancia con un crecimiento de la experiencia y de una solidificación del raciocinio; en el caso de la etapa de la sapiencia expertiz, el avance de estos vectores específicos vendría a ser concurrentes.

En este rango de edades, no se puede pretender que una persona tenga las mismas facultades que las personas de la primera y segunda etapa respecto a las capacidades físico corporales, para poder comprender mejor este punto ponemos como ejemplo las prerrogativas que tiene un deportista profesional de futbol, de basquetbol o de otro que forme parte de una cuadrilla de obreros que construyen edificios o carreras y por sus años se encuentren dentro de la etapa de la independencia; a diferencia de las personas entre los 51 a 74 años de edad que se encuentran dentro de la etapa de la sapiencia expertiz, que ellos más bien sus prerrogativas provienen de su biblioteca mental que está representada por su experiencia y su raciocinio, condición que le brinda una posición ventajosa pues aunque muchos lo cataloguen con seres de la tercera edad o simplemente ancianos, pues en realidad sus cerebros tienen una alto nivel de concientización de las masas que pueden llevar a un país al éxito o al descalabro en muchos casos.

En función a lo mencionado en el párrafo anterior, si echamos una mirada desde décadas pasadas a la población de mundo, podremos darnos cuenta de los vecinos del barrio o residencia de donde uno vive o vivía, dentro de la corporación de empleados y trabajadores de las diferentes empresas privadas y del Estado, así como en los diversos centros educativos y en especial la comunidad universitaria y de los centros de investigación científica y tecnológica, etc., nos daremos cuenta que el mayor porcentaje de estas organizaciones o centros, son y han sido dirigidos por personas que se encuentran dentro de este segmento de productividad del ciclo de vida del hombre.

Como ejemplo de lo mencionado anteriormente dentro de un sinnúmero de personajes, tenemos que durante la Segunda Guerra

Mundial entre los años 1939 a 1945, los destinos de Rusia fueron guiados por Stalin (Jossif Vissariónovich Dzhugashvili) cuando este personaje tenía entre 61 y 67 años de edad. Sebastián Piñera, a sus 60 años ejerció su primer mandato y su segundo período entre el 2018 a 2022 cuando alcanzaba los 68 y 72 años de edad, momentos donde condujo los destinos de la República de Chile respectivamente. Otro ejemplo que no podemos dejar de mencionar es el caso de Angela Dorothea Merkel (1954), que se desempeñó en las funciones de canciller de Alemania desde 2005 al 2021, cargo que ejerció entre los 51 y 67 años de edad; o es el caso de Joe Biden que a sus 82 años es el presidente de los Estados Unidos respectivamente.

Fotografía. Iosif o Jossif Vissariónovich Dzhugashvili, también llamado Josef o Joseph Stalin Gori (Georgia, 1879 - Moscú, 1953) dirigente soviético que gobernó férreamente la URSS desde 1929 (año en que se erigió como sucesor de Lenin tras el exilio de Trotsky) hasta su fallecimiento en 1953.

Fuente: https://www.biografiasyvidas.com/biografia/s/stalin.htm.

Fotografía. Joseph Robinette Biden Jr. (Scranton, Pensilvania; 20 de noviembre de 1942), más conocido como Joe Biden, es un abogado y político estadounidense. Es el 46. presidente de los Estados Unidos.

Fuente: https://www.whitehouse.gov/es/administracion/presidente-biden/

Fotografía. Angela Merkel (Hamburgo, 1954) Política alemana, presidenta del partido alemán Unión Demócrata Cristiana desde 2000 y canciller de la República Federal de Alemania desde 2005. Fue la primera mujer que asumió la jefatura del Gobierno federal desde que nació el Estado alemán (1870), y también el primer canciller originario de la extinta República Democrática Alemana (RDA).

Fuente: https://www.biografiasyvidas.com/biografia/m/merkel.htm.

Pues no solo recae este aspecto a los políticos que dirigen los destinos del mundo, sino también a otros personajes importantes como es el caso de William Henry Gates III, más conocido como Bill Gates, magnate empresarial y desarrollador de software quien sigue siendo un hombre que forma parte de la fuerza de productividad de la vida a sus 67 años de edad; a este personaje se suma otra personalidad llamado Donald Jhon Trump (77 años) empresario y que fue también presidente de los Estados Unidos entre el año 2017 al 2021 cuando este personaje tenía entre los 71 y 75 años de edad.

Fotografía. William Henry Gates III (Seattle, Washington; 28 de octubre de 1955), más conocido como Bill Gates, magnate empresarial, desarrollador de software, inversor, autor y filántropo estadounidense.

Fuente: https://www.britannica.com/biography/Bill-Gates.

Fotografía. Donald Trump (Nueva York, 1946) cuadragésimo quinto presidente de los Estados Unidos. Enriquecido en el sector inmobiliario, Donald Trump forjó desde los años 80 un imperio empresarial orientado a la construcción de casinos, hoteles y viviendas de lujo que supo mantener pese a las dificultades financieras. Cobró con ello un considerable prestigio y popularidad como encarnación del self-made man norteamericano, a pesar de su carácter ególatra y sus dudosos escrúpulos. De ideología extremadamente conservadora, su constante presencia en la televisión y sus declaraciones fuera de tono lo convirtieron, a partir de 2005, en uno de los personajes más polémicos de los Estados Unidos.

Fuente: https://www.biografiasyvidas.com/biografia/t/trump.htm

En ese mismo sentido, podemos ver las edades de los líderes que dirigen los países de Brasil, la Federación de Rusia, la India, la República Popular de China y Sudáfrica, grupo de Estados considerados como el BRICS que no es otra cosa que una asociación comercial de economías emergentes que tiene una gran influencia en la participación económica del mundo, países que aprovechan diversas potencialidades como son el tener una gran población y un enorme territorio, variables que los coloca en un posicionamiento geopolítico en el mundo bastante privilegiado por la búsqueda del dominio de la tierra.

Fotografía. (de izquierda a derecha) El presidente de la Federación de Rusia, Vladímir Vladímirovich Putin (Leningrado, 7 de octubre de 1952); el presidente de Sudáfrica, Cyril Ramaphosa (Soweto, 17 de noviembre de 1952); el presidente de Brasil, Luiz Inacio Lula da Silva (Caetés, 27 de octubre de 1945); el presidente de la República Popular de China, Xi Jinping (Pekín, 15 de junio de 1953) y el primer ministro de la India, Narendra Modi (Vadnagar, 17 de septiembre de 1950); miembros que forman parte del BRICS.
Fuente:https://www.france24.com/es/%C3%A1frica/20230822-tama%C3%B1opoblaci%   C3%B3n-producto-interno-bruto-los-pa%C3%ADses-brics-en-cifras.

Tengamos en cuenta que las atribuciones que les confiere cada constitución política de los países a los gobernantes, es tener facultades de la dirección de la acción del gobierno y de la coordinación de las funciones de sus demás miembros, representan a sus países en todos los actos internos como ante la comunidad internacional, proponen y emiten normas legales así como establecen la estructura orgánica del poder ejecutivo o de la presidencial; del mismo modo, emiten las políticas nacionales y generales de gobierno, diseñan e implementan políticas públicas para el cierre de brechas generado por los problemas públicos que aquejan las poblaciones, plantean ante los congresos o cámaras las cuestiones de confianza que sean necesarias, dirigen la defensa y ejercen el mando sobre sus Fuerzas Armadas, así como, en caso de que la situación lo amerite declaran la guerra cuando exista amenaza contra la integridad de sus Estados.

De lo mencionado, nos podemos dar cuenta del nivel y grado de complejidad de capacidad de productividad que un ser humano debe disponer para guiar los países, las organizaciones, las empresas, etc.; pero vemos en la práctica que estas responsabilidades recaen en la tercera etapa de productividad de la vida; en otras palabras, quedaría comprobado que el nivel de raciocinio y la experiencia alcanzado por este segmento les faculta a disponer de estas armas poderosas con las cuales pueden conducir a esas naciones, países u organizaciones.

Por tanto, se debe de desterrar el concepto de viejo, de anciano y que este material solo sirve para contar de sus experiencias vividas, y solo la fuerza motriz de los jóvenes es la que permite conducir los destinos de los países; en ese contexto, la sociedad en su conjunto debe de cambiar, no solo aquellos que miran a este segmento bajo este punto de vista, sino también a muchos que forman parte de este segmento y se sienten relegados y creen que ya cumplieron su misión en la tierra.

La orientación de las aspiraciones de esta etapa, talvez ya no están ligados a poder amasar fortunas de dinero o querer llegar a establecer una línea de carrera para seguir escalando peldaños, como son las prerrogativas de la segunda etapa denominada de la independencia. Más bien en este período su capacidad de productividad estaría guiada por un sentimiento interno natural, que lo lleva a que sus acciones tengan más bien un contexto filantrópico y altruista.

El perfil de este segmento deber ser como aquella persona que sus actividades de productividad estén más orientadas hacia una tendencia a procurar el bien de las personas y de contribuir con la sociedad de manera desinteresada, que en algunos casos incluso a costa de su interés propio, es decir, personas que contribuyan con su tiempo, de ser necesario su dinero o recursos para beneficiar a otros y motivado por su amor a las generaciones de su sociedad. En ese mismo sentido, en el caso de que las personas de este segmento cuando alcancen una posición expectante, minimizar y controlar que la sociedad los vea como entes de admiración y atención desmesurada en donde exalten sus logros o talentos especiales, al contrario, solo deben de buscar la objetividad y la realidad de los logros alcanzados.

Como ejemplo del sentido filantrópico y altruista, tenemos a los mentores de la Fundación Bill y Melinda Gates, organización puesta al servicio de la comunidad mundial que se dedica a ayudar y resolver problemas que permitan mejorar la condición humana, interviniendo donde los gobiernos y las empresas dejan brechas; asimismo, reúnen a gobiernos, empresas, organizaciones filantrópicas y comunidades para salvar y transformar vidas en todo el mundo, entre otros aspectos importantes.

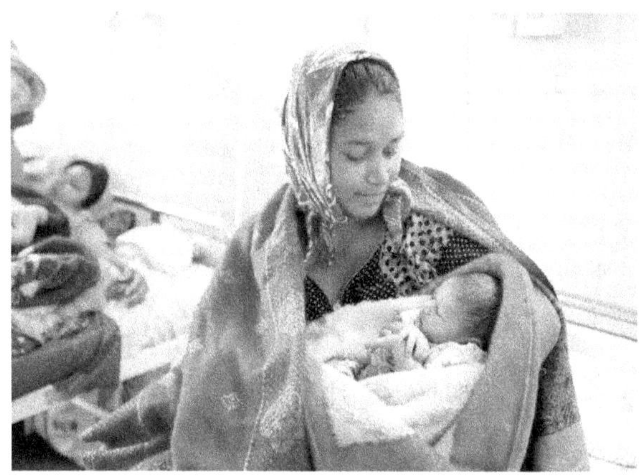

Fotografía: Foto donde muestra una de las actividades que ejecuta la Fundación Bill y Melinda Gates.

Fuente: https://www.gatesfoundation.org/.

CAPÍTULO 6
ETAPA DE LA SABIDURÍA

La última etapa del ciclo de vida de productividad del hombre la denominó el período de la sabiduría y también la del descanso del guerrero, población del mundo cuyo período puede iniciarse más o menos entre mediados de los 70 años, prolongándose hasta el momento que se apague su existencia de conformidad a la ley universal de la vida.

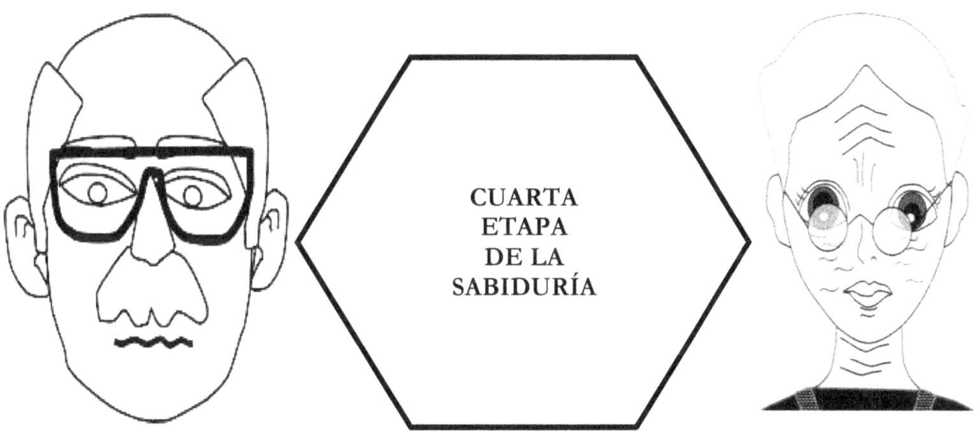

Figura 21. Figura que representa el estadio de la cuarta etapa de la vida de productividad del hombre.

Fuente: Elaboración propia.

La considero como la etapa de la sabiduría, porque en este espacio de tiempo, luego de haber recorrido las tres etapas anteriores del ciclo de la vida relacionadas con la productividad como contribución al desarrollo de los países, el ser humano, se constituye en una máquina fatigada con capacidades físicas corporales, pero dotada de un conjunto de amplios y profundos conocimientos en tópicos especializados que se generaron como producto de la interacción de su experiencia vivida y del desarrollo de su raciocinio dentro de algún campo de la actividad humana. Tengamos en consideración que estas actividades pueden estar enmarcados en los ámbitos del campo social, económico, político, militar, de otras que se pueden registrar en el mundo.

Las características de las actuaciones de este segmento de la población en su mayoría están enmarcadas dentro de la sensatez y de la prudencia para poder decidir o arriesgar sobre un determinado aspecto; por estas razones, el aporte y contribución que se recoge de esta etapa de la vida, tiene una orientación dirigida hacia las personas mediante la transmisión de lecciones aprendidas, donde sus oyentes puedan captar mensajes de vida con un sentido de reflexión y de advertencia.

Los mensajes que los seres humanos que se encuentran en esta etapa las realizan hacia los otros segmentos de la población, tienen como finalidad que sus oyentes puedan sacar conclusiones y tenerlas como referentes cuando estos tengan que tomar decisiones más acertadas sobre las actividades que realizan; del mismo modo, puedan diferenciar entre lo que es bueno y lo malo, o de establecer la diferencia entre lo que es correcto de lo desacertado.

Esta es la fase de las lecciones de vida, esto hace la diferencia respecto a las otras tres etapas, aunque se parece mucho a la etapa de la sapiencia expertiz dentro del ciclo de productividad de la vida, pero su diferencia radica en que las acciones que hacen los hombres de la cuarta etapa, tienen un sentido de retroalimentación sobre su pasado y de cómo estos aspectos pueden transmitir a las generaciones bajo el sentido de la enmienda y por medio de la reflexión.

Del mismo modo, la catalogo como la etapa del descanso del guerrero, porque es aquí donde el hombre definitivamente tiene que tener el valor para enfrentar a las limitaciones generadas por la degradación de la capacidad físico corporal, que en muchos casos también es extensible esta disminución sobre la capacidad de la productividad, en cuanto se evidencie una disminución progresiva del aporte mental. Lo físico corporal no es posible aplicar una retroactividad con la cual se restituya a un estado anterior la degradación de las células humanas y así aspirar alcanzar el elixir de la vida, es decir, pretender la inmortalidad; sin embargo, el ser humano hasta el fin de sus días puede mantener su capacidad de productividad bajo el binomio de los vectores de experiencia y raciocinio sin ningún problema, tal es el caso, que incluso muchos hombres dejan de existir lucidos en sus cinco sentidos.

En esta etapa, el ser humano en esencia ya no está buscando alcanzar nuevos conocimientos que enriquezcan su raciocinio; sin embargo, bajo el principio de la inercia siempre estará activo el vector de la experiencia, porque cada día que pase en la vida del hombre, esos hechos sucedidos se convierten en los insumos de una nueva experiencia adquirida, y esta experiencia adquirida luego se convierte en el insumo de otra nueva experiencia; es por esas razones, que todas las personas de este segmento deben entender que este proceso cíclico, se constituye en su mejor fortaleza con las cuales puede mantener vivo el sentido de seguir aportando a la sociedad.

Por tanto, el aporte que genera hacia la humanidad se sustenta en la evocación de sus competencias alcanzadas que incluye a la etapa de la sapiencia expertiz; en ese contexto, su plataforma de contribución a las sociedades se refleja en resumen en su experiencia de vida, en las lecciones aprendidas, siendo su metodología el empleo de la narrativa de hechos pasados y el cuento de las anécdotas, de los episodios pasados de su vida, como también de la evocación de sus recuerdos o de contar las experiencias vividas por otras personas.

El auditorio privilegiado que escucha a este segmento en su mayor parte recae en sus proles, como son sus hijos, nietos, bisnietos, además de todas aquellas personas que pueda estar de su cuidado o que puedan estar viviendo a su alrededor. Por esas circunstancias, nadie en esta tierra puede considerarse como una carga para la sociedad, al contrario, no interesa las condiciones de sus capacidades físicas corporales que se encuentre o del nivel de raciocinio que mantenga, lo único y válido que debe de existir al igual que las otras tres etapas, es que ellos y ellas siguen siendo y continuaran aportando al desarrollo de las comunidades y los pueblos mediante la trasmisión de sus vivencias pasadas como lecciones de vida.

Aquellos que tiene la suerte de llegar a esta etapa deben sentirse orgullosos, en primer lugar, de tener la oportunidad de haber logrado pasar por las cuatro etapas del ciclo de vida de productividad del hombre; en segundo término, desterrar que son una carga social y mantenerse firmes con la predisposición de seguir aportando como un factor más de productividad, es decir, ser simple y llanamente el faro que ilumine los destinos de las otras generaciones convirtiéndose en el sensey o como el maestro sabio del pequeño saltamontes de los que lo rodean.

Imaginémonos, que empecemos a recopilar de cada sensey que forma parte de esta etapa de la vida los relatos de sus experiencias vividas, de sus conocimientos adquiridos, de sus aciertos y fracasos, luego someterlas estas a un análisis y procesarlas para que sean parte de los repositorios, las revistas científicas, las bibliotecas físicas y virtuales, en las plataformas de las redes sociales y páginas web diversas, etc., tendríamos mega informaciones con las cuales se crearía una macro gestión del conocimiento, con tópicos muy ricos y abundantes en diversidad de pensamiento e ideas de gente ranqueada, que en el lenguaje vulgar sería de disponer de información generada por «zorros y lobos viejos».

El perfeccionamiento y adquisición de conocimiento de este sector de la población del mundo, por lo general, es producto de las aulas de la universidad de la vida, por tanto, el aporte que otorgan a la implementación de los pueblos, no necesariamente tendría que tener que ser validados como producto de títulos o galardones alcanzados en esta etapa de la vida, o que solo serían validados por pares o especialistas para ser usados por la sociedad. Lo vertido por las personas de este segmento, no tienen precio, pues ellas representan originalidad, maduración, abundante riqueza porque representan experiencia pura ganada durante los años.

Existen muchos ejemplos de esta etapa de la vida, en este caso hacemos referencia al expresidente Mujica de Uruguay, que a sus 88 años de edad, en frases muy emotivas oficializó su renuncia ante el Senado de ese país, donde expreso frases y oraciones como «de todo he pasado», contexto muy profundo que si se recogiese palmo a palmo de lo que vivió este personaje en cada evento o hecho ocurrido, pues estoy seguro de que reforzaría con consistencia lo mencionado que la experiencia es madre de la ciencia.

Echemos una mirada a otras frases pronunciadas en su discurso, «Lo imposible cuesta un poco más, y derrotados son solo aquellos que bajan los brazos y se entregan»; «No soy pobre, soy sobrio, liviano de equipaje, vivir con lo justo para que las cosas no me roben la libertad»; «No soy adicto a vivir mirando para atrás, porque la vida siempre es porvenir y todos los días amanece»; «Ser libre es (…) gastar la mayor cantidad de tiempo de nuestra vida en aquello que nos gusta hacer» y «Sí, yo estoy cansado, pero esto no para hasta el día que me lleven en un cajón o cuando sea un viejo lelo».

Por otro lado, si interpretamos el sentido de cada una de las frases expresadas por Mujica, podremos ver que todas ellas tienen un espíritu de retroalimentación a la vida en un sentido de enseñanza a los hombres mostrando de cómo ha construido su vida; en ese contexto, cada uno de los seres humanos tienen frases similares, pero en otros sentidos posiblemente. Este aspecto es una muestra que el ser humano, no interesando los años que tenga y hasta el último día de su existencia, seguirá formando parte de la fuerza de productividad de la vida, con la cual continuará contribuyendo con el engrandecimiento de sus pueblos.

Fotografía. José Alberto Mujica Cordano (Montevideo, 20 de mayo de 1935), también conocido como Pepe Mujica, es un exguerrillero y político uruguayo. Fue el cuarenta presidente de Uruguay que gobernó entre 2010 hasta 2015.

Fuente: https://www.buscabiografias.com/biografia/verDetalle/9967/Jose%20Mujica.

Otro ejemplo que ponemos sobre este segmento a la comunidad y los pueblos, veamos a la religiosa albanesa nacionalizada india, premio Nobel de la Paz en 1979, cuando falleció la Madre Teresa de Calcuta en el año 1997, por el sacrifico y amor al servicio con otras personas bajo el sentido filantrópico, vemos que la congregación de las Misioneras de la Caridad había alcanzado en más de quinientos centros en un centenar de países. El objetivo de esta congregación es ayudar a los más pobres de los pobres, siendo en este sentido un ejemplo inspirador, una prueba palpable y viva de cómo la generosidad, la abnegación y la entrega a los demás también tienen sentido en tiempos modernos y sobre todo provenientes de esta última etapa del ciclo de la vida de productividad del hombre.

Fotografía. Madre Teresa de Calcuta (Agnes Gonxha Bojaxhiu; Skopje, actual Macedonia, 1910 - Calcuta, 1997).

Fuente: https://www.biografiasyvidas.com/biografia/t/teresa_decalcuta.htm.

No podemos dejar de mencionar a Nelson Mandela, que fue un abogado activista contra el apartheid, político y filántropo sudafricano que presidió el gobierno de su país de 1994 a 1999 entre los 76 y 81 años de edad; siendo el primer mandatario de raza negra que encabezó el poder ejecutivo, y el primero en resultar elegido por sufragio universal en su país, falleció en Houghton

Estate, Johannesburgo, Sudáfrica el 5 de diciembre de 2013, a los 95 años de edad.

Fotografía. Nelson Mandela (Mvezo, Sudáfrica, 18 de julio de 1918).

Fuente: https://www.biografiasyvidas.com/biografia/m/mandela.htm.

EPÍLOGO

Como conclusión, podemos decir que dependerá de cada hombre en qué medida aporta y contribuye al desarrollo y crecimiento de sus sociedades, quiere decir, que el ser jubilado, no significa que ya no forma parte de esta cadena de producción y, por tanto, debe conformarse con el hecho que ya cumplió su misión sobre la faz de la tierra; al contrario, mientras el hombre acepte que existen cuatro etapas dentro del ciclo de productividad de la vida, entonces comprenderemos que el trabajo o la transmisión de las experiencias vividas no importando cuanto puedan representar en aspectos monetarios o no, son la base fundamental que nos indica que siempre seremos la llama viva que aporta al desarrollo de la humanidad desde que fuimos concebidos hasta el momento en que dejemos de existir.

GUIOVANI GASTAÑAGA ALVAREZ

ANEXO RELACIÓN DE JEFES DE ESTADO Y GOBIERNO EN EL AÑO 2023.

No	Estado	Forma de gobierno	Jefe de Estado/ Jefe de Gobierno	Año	Edad
1	Afganistán	República presidencial	Presidente interino Amrullah Saleh	1972	51
2	Albania	República parlamentaria	Presidente Bajram Begaj	1967	56
3	Alemania	República federal parlamentaria	Presidente Frank-Walter Steinmeier.	1956	67
			Canciller Olaf Scholz	1958	65
4	Andorra	Coprincipado parlamentario	Copríncipe episcopal: Joan Enric Vives Representante del copríncipe Josep María Mauri	1949	74
			Presidente del Gobierno Xavier Espot Zamora	1979	44
			Copríncipe francés: Emmanuel Macron Representante del copríncipe Patrick Strzoda	1952	71
5	Angola	República presidencial	Presidente João Lourenço	1954	69
6	Antigua y Barbuda	Monarquía constitucional	Rey Carlos III(representado por el gobernador general Rodney Williams).	1947	76
			Primer ministro Gaston Browne	1967	56
7	Arabia Saudita	Monarquía absoluta	Rey Salmán bin Abdulaziz	1935	88
			Primer ministro Mohamed bin Salmán	1985	38
8	Argelia	República semipresidencial	Presidente Abdelmadjid Tebboune	1945	78
			Primer ministro Aiman Benabderrahmane	1966	57
9	Argentina	República federal presidencial	Presidente Alberto Fernández	1959	64
10	Armenia	República parlamentaria	Presidente Vahagn Jachaturián	1959	64
			Primer ministro Nikol Pashinián	1975	48
11	Australia	Monarquía constitucional	Rey Carlos III	1948	75
			(representado por el gobernador general David Hurley)	1963	60
12	Austria	República federal parlamentaria	Presidente Alexander Van der Bellen	1944	79
			Canciller Karl Nehammer	1972	51
13	Azerbaiyán	República semipresidencial	Presidente Ilham Aliyev	1961	62
			Primer ministro Ali Asadov	1956	67
14	Bahamas	Monarquía constitucional	Rey Carlos III(representado por el gobernador general Cornelius A. Smith)	1937	86
			Primer ministro Philip Davis	1951	72
15	Baréin	Monarquía semi-constitucional	Rey jeque Hamad bin Isa Al Jalifa	1950	73
			Primer ministro jeque Salman bin Hamad al Jalifa	1935	88
16	Bangladés	República parlamentaria	Presidente Shahabuddin Chuppu	1949	74
			Primera ministra Sheikh Hasina	1947	76
17	Barbados	República parlamentaria	Presidenta Sandra Mason	1965	58
18	Bélgica	Monarquía constitucional	Rey Felipe I	1960	63
			Primer ministro Alexander De Croo	1975	48
19	Belice	Monarquía constitucional	Primer ministro Johnny Briceño	1960	63
20	Benín	República presidencial	Presidente Patrice Talon	1958	65
21	Bielorrusia	República presidencial	Presidente Aleksandr Lukashenko	1954	69
			Primer ministro Roman Golovchenko	1973	50
22	Birmania	República parlamentaria bajo una Junta militar	Presidente Myint Swe	1948	75
			Líder del Estado Min Aung Hlaing	1956	67

No	Estado	Forma de gobierno	Jefe de Estado/ Jefe de Gobierno	Año	Edad
23	Bolivia	República presidencial	Presidente Luis Arce	1963	60
24	Bosnia y Herzegovina	República federal parlamentaria	Alto representante – Christian Schmidt	1957	66
			Željka Cvijanović (jefa/serbia)	1967	56
			Denis Bećirović (miembro/bosnio)	1975	48
			Željko Komšić (miembro/croata)	1964	59
			Presidenta del Consejo de Ministros Borjana Krišto	1961	62
25	Botsuana.	República parlamentaria	Presidente Mokgweetsi Masisi	1962	61
26	Brasil.	República federal presidencial	Presidente Luiz Inácio Lula da Silva	1945	78
27	Brunéi.	Monarquía absoluta	Sultán y primer ministro Muda Hassanal Bolkiah	1946	77
28	Bulgaria.	República parlamentaria.	Presidente Rumen Radev	1963	60
			Primer ministro Nikolai Denkov	1962	61
29	Burkina Faso.	República semipresidencial bajo una Junta militar.	Presidente del Movimiento Patriótico de Salvaguarda y Restauración Ibrahim Traore	1988	35
			Primer ministro Albert Ouédraogo	1969	54
30	Burundi.	República presidencial	Presidente Évariste Ndayishimiye	1968	55
			Primer ministro Gervais Ndirakobuca	1972	51
31	Bután.	Monarquía parlamentaria	Rey Jigme Khesar Namgyel Wangchuck	1980	43
			Primer ministro Lotay Tshering	1969	54
32	Cabo Verde	República semipresidencial	Presidente José Maria Neves	1960	63
			Primer ministro Ulisses Correia e Silva	1962	61
33	Camboya	Monarquía parlamentaria	Rey Norodom Sihamoní	1953	70
			Primer ministro Hun Manet	1977	46
34	Camerún	República semipresidencial	Presidente Paul Biya	1933	90
			Primer ministro Joseph Dion Ngute	1954	69
35	Canadá	Monarquía constitucional	Rey Carlos III (representado por la gobernadora general Mary Simon)	1947	76
			Primer ministro Justin Trudeau	1971	52
36	Catar	Monarquía absoluta	Emir jeque Tamim bin Hamad Al Thani	1980	43
			Primer ministro Mohammed bin Abdulrahman Al Thani	1979	44
37	Chad.	República presidencial bajo una Junta militar	Presidente del Consejo Militar de Transición Mahamat Déby	1984	39
			Primer ministro Saleh Kebzabo	1959	64
38	Chile.	República presidencial	Presidente Gabriel Boric	1986	37
39	China.	República socialista	Presidente Xi Jinping	1953	70
			Primer ministro Li Qiang	1959	64
40	Chipre.	República presidencial	Presidente Nikos Christodoulides	1973	50
41	Colombia.	República presidencial	Presidente Gustavo Petro	1960	63
42	Comoras	República federal presidencial	Presidente Azali Assoumani	1959	64
43	Corea del Norte.	República socialista.	Líder supremo Kim Jong-un	1983	40
			Primer ministro Kim Tok-hun	1961	62
44	Corea del Sur.	República presidencial.	Presidente Yoon Suk-yeol	1960	63
			Primer ministro Han Duck Soo	1949	74
45	Costa de Marfil.	República presidencial.	Presidente Alassane Ouattara	1942	81
			Primer ministro interino Patrick Achi	1955	68
46	Costa Rica.	República presidencial	Presidente Rodrigo Chaves	1961	62
47	Croacia	República parlamentaria.	Presidente Zoran Milanović	1966	57
			Primer ministro Andrej Plenković	1970	53
48	Cuba	República socialista	Presidente Miguel Díaz-Canel	1960	63
			Primer ministro Manuel Marrero	1963	60

No	Estado	Forma de gobierno	Jefe de Estado/ Jefe de Gobierno	Año	Edad
49	Dinamarca	Monarquía constitucional	Reina Margarita II	1940	83
			Primera ministra Mette Frederiksen	1977	46
50	Dominica	República parlamentaria	Presidente Charles Savarin	1943	80
			Primer ministro Roosevelt Skerrit	1972	51
51	Ecuador	República presidencial	Presidente Guillermo Lasso	1955	68
52	Egipto	República semipresidencial	Presidente Abdelfatah Al-Sisi	1954	69
			Primer ministro Mostafá Madbuli	1966	57
53	Emiratos Árabes Unidos	Monarquía semi-constitucional	Presidente jeque Mohamed bin Zayed Al Nahayan	1961	62
			Primer ministro jeque Mohamed bin Rashid Al Maktum	1949	74
54	El Salvador	República presidencial	Presidente Nayib Bukele	1981	42
55	Eritrea	República presidencial unipartista	Presidente Issaías Afewerki	1946	77
56	Eslovaquia	República parlamentaria	Presidenta Zuzana Čaputová	1973	50
			Primer ministro Ľudovít Ódor	1976	47
57	Eslovenia	República parlamentaria	Presidenta Nataša Pirc Musar	1968	55
			Primer ministro Robert Golob	1967	56
58	España	Monarquía parlamentaria	Rey Felipe VI	1968	55
			Presidente del Gobierno Pedro Sánchez	1972	51
59	Estados Unidos	República federal presidencial	Presidente Joe Biden	1942	81
60	Estonia	República parlamentaria	Presidente Alar Karis	1958	65
			Primera ministra Kaja Kallas	1977	46
61	Etiopía	República federal parlamentaria	Presidenta Sahle-Work Zewde	1950	73
			Primer ministro Abiy Ahmed	1976	47
62	Filipinas	República presidencial	Presidente Bongbong Marcos	1957	66
63	Finlandia	República parlamentaria	Presidente Sauli Niinistö	1948	75
			Primer ministro Petteri Orpo	1969	54
64	Fiyi	República parlamentaria	Presidente Wiliame Katonivere	1964	59
			Primer ministro Sitiveni Rabuka	1948	75
65	Francia	República semipresidencial	Presidente Emmanuel Macron	1977	46
			Primera ministra Élisabeth Borne	1961	62
66	Gabón	República presidencial bajo una Junta militar	Presidente del Comité para la Transición y la Restauración de las Instituciones Brice Clotaire Oligui Nguema	1975	48
67	Gambia	República presidencial	Presidente Adama Barrow	1965	58
68	Georgia	República parlamentaria	Presidenta Salomé Zurabishvili	1952	71
			Primer ministro Irakli Garibashvili	1982	41
69	Ghana	República presidencial	Presidente Nana Akufo-Addo	1944	79
70	Grecia	República parlamentaria	Presidenta Katerina Sakellaropoulou	1956	67
			Primer ministro Kyriakos Mitsotakis	1968	55
71	Granada	Monarquía constitucional	Rey Carlos III (representado por la gobernadora general dame Cécile La Grenade)	1952	71
			Primer ministro Dickon Mitchell	1978	45
72	Guatemala	República presidencial	Presidente Alejandro Giammattei	1956	67
73	Guinea	República presidencial bajo una Junta militar	Presidente del Comité Nacional de Reconciliación y Desarrollo Mamady Doumbouya	1980	43
74	Guinea-Bisáu	República semipresidencial	Presidente Umaro Sissoco Embaló	1972	51

GUIOVANI GASTAÑAGA ALVAREZ

No	Estado	Forma de gobierno	Jefe de Estado/ Jefe de Gobierno	Año	Edad
75	Guinea Ecuatorial	República presidencial	Presidente Teodoro Obiang Nguema	1942	81
			Primer ministro Manuela Roka Botey	1973	50
76	Guyana	República presidencial	Presidente Irfaan Ali	1980	43
			Primer ministro Mark Phillips	1961	62
77	Haití	República semipresidencial	Presidente interino y Primer ministro Ariel Henry	1949	74
78	Honduras	República presidencial	Presidenta Xiomara Castro	1959	64
79	Hungría	República parlamentaria	Presidenta Katalin Novák	1977	46
			Primer ministro Viktor Orbán	1963	60
80	India	República federal parlamentaria	Presidenta Draupadi Murmu	1958	65
			Primer ministro Narendra Modi	1950	73
81	Indonesia	República presidencial	Presidente Joko Widodo	1961	62
82	Irán	República islámica	Líder supremo ayatolá Alí Jamenei	1939	84
			Presidente Ebrahim Raisi	1960	63
83	Irak	República federal parlamentaria	Presidente Abdul Latif Rashid	1944	79
			Primer ministro Mohammed Shia' Al Sudani	1971	52
84	Irlanda	República parlamentaria	Presidente Michael D. Higgins	1941	82
			Taoiseach Leo Varadkar	1979	44
85	Islandia	República parlamentaria	Presidente Guðni Thorlacius Jóhannesson	1968	55
			Primera ministra Katrín Jakobsdóttir	1976	47
86	Islas Marshall	República presidencial	Presidente David Kabua	1951	72
87	Islas Salomón	Monarquía constitucional	Rey Carlos III (representado por el gobernador general David Vunagi)	1950	73
			Primer ministro Manasseh Sogavare	1955	68
88	Israel	República parlamentaria	Presidente Isaac Herzog	1960	63
			Primer ministro Benjamín Netanyahu	1949	74
89	Italia	República parlamentaria	Presidente Sergio Mattarella	1941	82
			Presidenta del Consejo de Ministros Giorgia Meloni	1977	46
90	Jamaica	Monarquía constitucional	Rey Carlos III (representado por el gobernador general sir Patrick Allen)	1951	72
			Primer ministro Andrew Holness	1972	51
91	Japón	Monarquía parlamentaria	Emperador Naruhito	1960	63
			Primer ministro Fumio Kishida	1957	66
92	Jordania	Monarquía semi-constitucional	Rey Abdalá II	1962	61
			Primer ministro Bisher Al-Khasawneh	1969	54
93	Kazajistán	República presidencial	Presidente Kassym-Jomart Tokayev	1953	70
			Primer ministro Alihan Smaiylov	1972	51
94	Kenia	República presidencial	Presidente William Ruto	1966	57
95	Kirguistán	República semipresidencial	Presidente Sadyr Zhaparov	1968	55
			Presidente del Gabinete de Ministros Akylbek Japarov	1964	59
96	Kiribati	República parlamentaria	Presidente Taneti Mamau	1960	63
97	Kuwait	Monarquía semi-constitucional	Emir Jeque Nawaf Al-Ahmad Al-Yaber Al-Sabah	1937	86
			Primer ministro Jeque Ahmad Nawaf Al-Ahmad Al-Sabah	1956	67
98	Laos	República socialista	Presidente Thongloun Sisoulith	1945	78
			Primer ministro Sonexay Siphandone	1966	57
99	Lesoto	Monarquía parlamentaria	Rey Letsie III	1963	60
			Primer ministro Sam Matekane	1958	65
100	Letonia	República parlamentaria	Presidente Edgars Rinkēvičs	1973	50
			Primer ministro Arturs Krišjānis Kariņš	1964	59

No	Estado	Forma de gobierno	Jefe de Estado/ Jefe de Gobierno	Año	Edad
101	Líbano	República parlamentaria	Presidente Michel Aoun	1933	90
			Primer ministro Najib Mikati	1955	68
102	Liberia	República presidencial	Presidente George Weah	1966	57
103	Libia	República parlamentaria bajo un Gobierno provisional	Presidente del Consejo Presidencial Mohamed al-Menfi	1976	47
			Primer ministro Abdul Hamid Dbeibah	1959	64
104	Liechtenstein	Monarquía semi-constitucional	Príncipe Juan Adán II (príncipe regente Luis de Liechtenstein)	1968	55
			Primer ministro Daniel Risch	1978	45
105	Lituania	República parlamentaria	Presidente Gitanas Nausėda	1964	59
			Primera ministra Ingrida Šimonytė	1974	49
106	Luxemburgo	Monarquía constitucional	Gran duque Enrique de Luxemburgo	1955	68
			Primer ministro Xavier Bettel	1973	50
107	Macedonia del Norte	República parlamentaria	Presidente Stevo Pendarovski	1963	60
			Primer ministro Dimitar Kovačevski	1974	49
108	Madagascar	República semipresidencial	Presidente Andry Rajoelina	1974	49
			Primer ministro Christian Ntsay	1961	62
109	Malasia	Monarquía constitucional y electiva	Rey Abdullah de Pahang	1959	64
			Primer ministro Anwar Ibrahim	1947	76
110	Malaui	República presidencial	Presidente Lazarus Chakwera	1955	68
111	Maldivas	República presidencial	Presidente Ibrahim Mohamed Solih	1964	59
112	Malí	República semipresidencial bajo una Junta militar	Presidente interino Assimi Goita	1983	40
			Primer ministro interino Abdoulaye Maïga	1958	65
113	Malta	República parlamentaria	Presidente George Vella	1942	81
			Primer ministro Robert Abela	1977	46
114	Marruecos	Monarquía semi-constitucional	Rey Mohamed VI	1963	60
			Primer ministro Aziz Akhannouch	1961	62
115	Mauricio	República parlamentaria	Presidente Prithvirajsing Roopun	1959	64
			Primer ministro Pravind Jugnauth	1961	62
116	Mauritania	República semipresidencial	Presidente Mohamed Ould Ghazouani	1963	60
			Primer ministro Mohammed Ould Bilal	1963	60
117	México	República federal presidencial	Presidente Andrés Manuel López Obrador	1953	70
118	Micronesia	República federal presidencial	Presidente Wesly Simina	1961	62
119	Moldavia	República parlamentaria	Presidenta Maia Sandu	1972	51
			Primer ministro Dorin Recean	1974	49
120	Mónaco	Monarquía parlamentaria	Príncipe Alberto II	1958	65
			Ministro de Estado Pierre Dartout	1954	69
121	Mongolia	República parlamentaria	Presidente Ukhnaagiin Khürelsükh	1968	55
			Primer ministro Luvsannamsrain Oyun-Erdene	1980	43
122	Montenegro	República parlamentaria.	Presidente Jakov Milatović	1986	37
			Primer ministro Dritan Abazović	1985	38
123	Mozambique	República presidencial	Presidente Filipe Nyussi	1959	64
			Primer ministro Adriano Maleiane	1949	74
124	Namibia	República presidencial	Presidente Hage Geingob	1941	82
			Primera ministra Saara Kuugongelwa	1967	56

No	Estado	Forma de gobierno	Jefe de Estado/ Jefe de Gobierno	Año	Edad
125	Nauru	República parlamentaria	Presidente Russ Kun	1975	48
126	Nepal	República federal parlamentaria	Presidente Ram Chandra Poudel	1944	79
			Primer ministro Pushpa Kamal Dahal	1954	69
127	Nicaragua	República presidencial	Presidente Daniel Ortega	1945	78
128	Níger	República semipresidencial bajo una Junta militar	Presidente del Consejo Nacional para la Salvaguardia de la Patria Abdourahamane Tchiani	1961	62
			Primer ministro interino Ali Lamine Zeine	1965	58
129	Nigeria	República federal presidencial	Presidente Bola Tinubu	1952	71
130	Noruega	Monarquía constitucional	Rey Harald V	1937	86
			Primer ministro Jonas Gahr Store	1960	63
131	Nueva Zelanda	Monarquía constitucional	Rey Carlos III (representado por la gobernadora general Dame Cindy Kiro)	1958	65
			Primer ministro Chris Hipkins	1978	45
132	Omán	Monarquía absoluta	Sultán y Primer ministro Haitham bin Tariq Al Said	1955	68
133	Países Bajos	Monarquía constitucional	Rey Guillermo Alejandro	1967	56
			Primer ministro Mark Rutte	1967	56
134	Pakistán	República federal parlamentaria	Presidente Arif Alvi	1949	74
			Primer ministro Shehbaz Sharif	1951	72
135	Palaos	República presidencial	Presidente Surangel Whipps Jr.	1968	55
136	Palestina	República semipresidencial	Presidente Mahmud Abbas	1935	88
			Primer ministro Mohammad Shtayyeh	1958	65
137	Panamá	República presidencial	Presidente Laurentino Cortizo	1953	70
138	Papúa Nueva Guinea	Monarquía constitucional	Rey Carlos III(representado por el gobernador general Bob Dadae)	1961	62
			Primer ministro James Marape	1971	52
139	Paraguay	República presidencial	Presidente Santiago Peña	1978	45
140	Perú	República presidencial	Presidenta Dina Boluarte	1962	61
141	Polonia	República parlamentaria	Presidente Andrzej Duda	1972	51
			Primer ministro Mateusz Morawiecki	1968	55
142	Portugal	República semipresidencial	Presidente Marcelo Rebelo de Sousa	1948	75
			Primer ministro António Costa	1961	62
143	Reino Unido	Monarquía constitucional	Rey Carlos III	1948	75
			Primer ministro Rishi Sunak	1980	43
144	República Centroafricana	República semipresidencial	Presidente Faustin-Archange Touadéra	1957	66
			Primer ministro Félix Moloua	1957	66
145	República Checa	República parlamentaria	Presidente Petr Pavel	1961	62
			Primer ministro Petr Fiala	1964	59
146	República del Congo	República semipresidencial	Presidente Denis Sassou-Nguesso	1943	80
			Primer ministro Anatole Collinet Makosso	1965	58
147	República Democrática del Congo	República semipresidencial	Presidente Félix Tshisekedi	1963	60
			Primer ministro Jean-Michel Sama Lukonde	1977	46
148	República Dominicana	República presidencial	Presidente Luis Abinader	1967	56
149	Ruanda	República presidencial	Presidente Paul Kagame	1957	66
			Primer ministro Édouard Ngirente	1973	50
150	Rumania	República semipresidencial.	Presidente Klaus Iohannis	1959	64
			Primer ministro Marcel Ciolacu	1967	56

No	Estado	Forma de gobierno	Jefe de Estado/ Jefe de Gobierno	Año	Edad
151	Rusia	República federal semipresidencial	Presidente Vladímir Putin	1952	71
			Primer ministro Mijaíl Mishustin	1966	57
152	Samoa	República parlamentaria	O le Ao o le Malo Va'aletoa Sualauvi II	1947	76
			Primera ministra Naomi Mata'afa	1957	66
153	San Cristóbal y Nieves	Monarquía constitucional	Rey Carlos III(representado por el gobernador general Samuel Weymouth Tapley Seaton)	1950	73
			Primer ministro Terrance Drew	1976	47
154	San Marino	República parlamentaria	Capitanes Regentes Alessandro Scarano y	1979	44
			Adele Tonnini	1977	46
155	San Vicente y las Granadinas	Monarquía constitucional	Rey Carlos III(representado por la gobernadora general Susan Dougan)	1955	68
			Primer ministro Ralph Gonsalves	1946	77
156	Santa Lucía	Monarquía constitucional	Rey Carlos III(representado por el gobernador general Cyril Charles)	1942	81
			Primer ministro Philip J. Pierre	1954	69
157	Santo Tomé y Príncipe	República semipresidencial	Presidente Carlos Vila Nova	1959	64
			Primer ministro Patrice Trovoada	1962	61
158	Senegal	República presidencial	Presidente Macky Sall	1961	62
159	Serbia	República parlamentaria	Presidente Aleksandar Vučić	1970	53
			Primera ministra Ana Brnabić	1975	48
160	Seychelles	República presidencial	Presidente Wavel Ramkalawan	1961	62
161	Sierra Leona	República presidencial	Presidente Julius Maada Bio	1964	59
162	Singapur	República parlamentaria	Presidenta Halimah Yacob	1954	69
			Primer ministro Lee Hsien Loong	1952	71
163	Siria	República semipresidencial	Presidente Bashar al Assad	1965	58
			Primer ministro Hussein Arnous	1953	70
164	Somalia	República federal parlamentaria	Presidente Hassan Sheikh Mohamud	1955	68
			Primer ministro Hamza Abdi Barre	1972	51
165	Sri Lanka	República presidencial.	Presidente Ranil Wickremesinghe	1949	74
			Primer ministro Dinesh Gunawardena	1949	74
166	Suazilandia	Monarquía absoluta	Rey Mswati III	1968	55
			Primer ministro Cleopas Dlamini	1952	71
167	Sudáfrica	República parlamentaria	Presidente Cyril Ramaphosa	1952	71
168	Sudán	República federal presidencial bajo una Junta militar	Presidente del Consejo de Soberanía Abdel Fattah Abdelrahman Burhan	1960	63
			Primer ministro Osman Hussein	1951	72
169	Sudán del Sur	República federal presidencial	Presidente Salva Kiir Mayardit	1951	72
170	Suecia	Monarquía parlamentaria	Rey Carlos XVI Gustavo	1946	77
			Primer ministro Ulf Kristersson	1963	60
171	Suiza	República federal parlamentaria	Consejo Federal: Alain Berset	1972	51
			Viola Amherd (vicepresidenta).	1962	61
			Albert Rösti,	1967	56
			Guy Parmelin,	1959	64
			Ignazio Cassis,	1961	62
			Elisabeth Baume-Schneider,	1963	60
			Karin Keller-Sutter	1963	60
172	Surinam	República parlamentaria	Presidente Chan Santokhi	1959	64
173	Tailandia	Monarquía constitucional	Rey Maha Vajiralongkorn	1952	71
			Primer ministro Srettha Thavisin	1963	60
174	Tanzania	República presidencial	Presidenta Samia Suluhu	1960	63
			Primer ministro Kassim Majaliwa	1960	63

No	Estado	Forma de gobierno	Jefe de Estado/ Jefe de Gobierno	Año	Edad
175	Tayikistán	República semipresidencial	Presidente Emomali Rahmon	1952	71
			Primer ministro Kokhir Rasulzoda	1959	64
176	Timor Oriental	República semipresidencial	Presidente José Ramos-Horta	1949	74
			Primer ministro Xanana Gusmão	1946	77
177	Togo	República presidencial	Presidente Faure Gnassingbé	1966	57
			Primera ministra Victoire Tomegah Dogbé	1959	64
178	Tonga	Monarquía constitucional	Rey Tupou VI	1959	64
			Primer ministro Siaosi Sovaleni	1970	53
179	Trinidad y Tobago	República parlamentaria	Presidenta Christine Kangaloo	1961	62
			Primer ministro Keith Rowley	1949	74
180	Túnez	República parlamentaria	Presidente Kaïs Saied	1958	65
			Primer ministro Ahmed Hachani	1956	67
181	Turkmenistán	República presidencialista	Presidente Serdar Berdimuhamedow	1981	42
182	Turquía	República presidencialista	Presidente Recep Tayyip Erdoğan	1954	69
183	Tuvalu	Monarquía constitucional	Rey Carlos III(representado por el gobernador general Sir Iakoba Italeli)	1950	73
			Primer ministro Kausea Natano	1957	66
184	Ucrania	República semipresidencial	Presidente Volodímir Zelenski	1978	45
			Primer ministro Denys Shmyhal	1975	48
185	Uganda	República presidencial	Presidente Yoweri Museveni	1944	79
			Primer ministro Robinah Nabbanja	1969	54
186	Uruguay	República presidencial	Presidente Luis Lacalle Pou	1973	50
187	Uzbekistán	República presidencial	Presidente Shavkat Mirziyayev	1957	66
			Primer ministro Abdulla Aripov	1961	62
188	Vanuatu	República parlamentaria	Presidente Nikenike Vurobaravu	1951	72
189	Ciudad del Vaticano	Monarquía electiva y absoluta	Papa Francisco	1936	87
			Gobernador Obispo Fernando Vérgez Alzaga	1945	78
190	Venezuela	República federal presidencial	Presidente Nicolás Maduro	1962	61
191	Vietnam	República socialista	Presidente Võ Văn Thưởng	1970	53
			Primer ministro Phạm Minh Chính	1958	65
192	Yemen	República presidencial	Presidente Rashad al-Alimi	1954	69
			Primer ministro Maeen Abdulmalik Saeed	1976	47
193	Yibuti	República presidencial	Presidente Ismail Omar Guelleh	1947	76
			Primer ministro Abdoulkader Kamil Mohamed	1951	72
194	Zambia	República presidencial	Presidente Hakainde Hichilema	1962	61
195	Zimbabue	República presidencial	Presidente Emmerson Mnangagwa	1942	81

Referencias bibliográficas.

Aguirre, A. (2009) Psicología de la adolescencia. España: Marcombo.

Clemente, A. (1996), Psicología del desarrollo adulto. Madrid, Ed. Narcea S.A.

Cohen, D. (1993). The development of play. Londres: Routledge.

Dong, X.; Milholland, B.; Vijg, J. (2016). Evidence for a limit to human lifespan. Nature, 538: pp. 257 - 259.

Gould, S.J. (1977). Ontogeny and Phylogeny. Cambridge, Massachusetts: The Belknap Press of Harvard University Press.

Liado B., M. (1990), Geriatría. Vejez y envejecimiento: sus problemas. Lima, Universidad Inca Garcilaso de la Vega.

Mansilla A. M.E (1998). Realización de Necesidades y Desarrollo Humano. En: Anales de Salud Mental. Lima. Instituto Nacional de Salud Mental "Honorio Delgado - Hideyo Noguchi. Vol XlV.Ns. l y 2.

Triadó, C.; Villar, F. (2006): Psicología de la vejez. Madrid: Alianza Editorial.

María Eugenia Mansilla A. Revista de Investigación en Psicología, Vol.3 No.2, diciembre 2000.

Papalia, D. (1997), Desarrollo Humano. México, McGraw-Hill

Rice, F. Philip (1997), Desarrollo Humano. México. Prentice Hall Hispanoamericana S.A.

GUIOVANI GASTAÑAGA ALVAREZ